절망의 끝에서
외치는
부흥이야기

절망의 끝에서 외치는 부흥이야기

초판 1쇄 발행 2023년 11월 20일

지 은 이 | 최문기
펴 낸 이 | 박상민

펴 낸 곳 | 토브북스
등록번호 | 제 2018-000007호
등록일자 | 2018년 1월 15일
주   소 | 경기도 안산시 단원구 선부광장북로67 235동 301호
이 메 일 | tovbooks2018@naver.com

ISBN | 979-11-983431-0-9 03230

절망의 끝에서 외치는 부흥이야기

최문기 지음

토브북스

글을 시작하며

목회 현장에서 안타까운 질문을 받곤 한다.

"왜 저희 교회는 부흥하지 못할까요?"

30여 년 이상 목회의 현장에 있는 선배로서 들려주고 싶은 이야기다.

나 역시 목회 현장에서 부딪히게 되는 여러 가지 일들이나 답답한 고민을 만날 때면 언제나 아버지처럼 자상하게 그 문제를 성경적으로 해석해 주고 지도해 줄 수 있는 선배를 그리워했다. 이제 육십이 넘어 가는 지금에 와서야 그 무거운 짐을 나도 나눠야 하지 않을까 하는 고민을 하게 된다.

부흥을 고민하고 있다면 나는 부흥의 의미를 먼저 짚어 주고 싶다. 만일 우리의 질문이 다만 교회의 외적 성장이나 영향력 확대라면 그 질문이 잘못된 거라고 말하고 싶다.

많은 사람들이 부흥을 말하고 부흥을 원하지만 정작 부흥의 뜻도 모르는 경우를 보게 된다. 부흥이 안 되는 이유를 주변 탓, 시대 탓을 하며 이제 부흥이 지나간 시대라고 치부하면 안 된다. 부흥이 시대에 뒤떨어진 옛이야기라고 말해서도 안 된다. 하나님은 지금도 살아 계시고 지금도 역사하신다. 성경은 분명한 진실이며 우리를 위한 생명책이다. 결코 거짓된 이야기가 아니다. 분명 성경은 하나님께서 부흥을 원하시고 우리에게 요청하신다고 말한다. 우리의 현장이 부흥하지 않는다면 우리가 하나님의 뜻을 따르고 있지 않는 것이다.

교회에서 수많은 부흥의 현장을 보고 그 안에서 주님의 역사를 체험한 나는 분명하게 후배들에게 말하고 싶다. 복음의 현장인 교회가 부흥되지 않는다면 다시금 주님의 사역을 점검해야 한다고 말이다.

분명 소성케 하고 생명을 부여하는 부흥의 현장은 우리 안에 있어야 하며 속히 이루어져야 하는 역사다. 후배들을 사랑하는 목회의 선배로서 진실한 부흥에 관한 이야기를 후배들과 나누고 싶어 이 책을 집필하게 되었다.

　이제 우리 모두 함께 부흥의 깊은 세계로 나아가길 원한다.

추천사

대전 힐탑교회 안승철 목사
남부연회 20대 감독

성경에서 유일하게 '부흥'이라는 단어가 하박국 3장 2절에서 사용된다. 이 '부흥'이라는 단어는 '이루다'라는 뜻으로 사용되었다. 이는 유대 나라에 큰 아픔이 되고 거대한 재앙이 될지라도 하나님의 뜻이 이루어지기를 기도한 것이다. 이와 같이 부흥은 하나님의 뜻이 다시 살아나는 것이 되어야 한다. 이 부흥에 대해 예수님이 제자들에게 가르쳐 주신 기도문에서 "뜻이 하늘에서 이룬 것 같이 땅에서도 이루어지이다"라는 것으로 이해할 수 있다.

한국 교회는 부흥의 뜨거운 시대가 있었다. 수많은 사람들이 기도원으로 몰려 밤이 새도록 기도하고, 성령의 충만함을 사모하며, 그 충만함으로 그들의 미래

> "여호와여 내가 주께 대한 소문을 듣고 놀랐나이다 여호와여 주는 주의 일을 이 수년 내에 부흥하게 하옵소서 이 수년 내에 나타내시옵소서 진노 중에라도 긍휼을 잊지 마옵소서"(합 3:2).

가 변하고 삶이 새로워지는 놀라운 기적 같은 삶을 살았다. 그 당시 부흥을 누구든지 목격하고 경험할 수 있었다. 하나님을 더 깊이 사랑하고 뜨겁게 믿었다.

그러나 현재의 교회는 부흥을 잃어버린 모습이다. 부흥을 꿈꾸고 부흥을 말해야 할 때 부흥을 말하지 못하고 부흥하지 못하는 교회의 현실을 이야기하는 상황이다. 모든 교회는 오직 주님이 원하시는 부흥을 바라보아야 한다. 지금까지 우리가 전통적으로 알던 부흥을 버리고 주님의 부흥을 바라보며 소망해야 한다. 그렇게 될 때 우리 교회는 아니 우리 지역 교회는, 나아가 한국 교회는 주님의 부흥으로 새롭게 날아오를 것이며, 주님의 뜻을 이루어 가는 교회, 주님이 기뻐하시는 교회, 주님이 사랑하시는 교회로서 주님의 교회를 다시금 뜨겁게 부흥하게 할 것이라고 저자는 말한다.

하나님은 언제나 정확하시고 분명하시다. 하나님의 뜻이 교회 안에 다시 살아나도록 이스라엘 백성들에게 구름 기둥, 불 기둥으로 인도하심처럼 그렇게 보여 역사하실 것이다. 부흥은 이론이 아니라 증명할 수 있어야 한다. 그 부흥은 부흥을 알고 경험한 사람들을 통해 하나님께서 이루신다.

이 책은 부흥을 꿈꾸고 부흥을 노래하는 이들에게 필요한 책이라 믿는다. 부흥은 지금도 보여지고 부흥을 위해 충만한 이들을 통해 이루어질 것이다. 지금 우리의 시대에는 비록 가려있는 것 같지만 부흥은 지금도 강하게 우리 안에 역사하고 있다. 그 부흥을 꿈꾸고, 그 부흥을 위해 걸어가는 이들에게 이 책은 안내서 역할을 할 것이라 생각한다.

"우리는 행복한 노래를 부르며 주님의 부흥에 동참해야 한다. 아무리 우리 삶이 고달프고 힘들어도 고개를 들어 노래를 불러야 한다. 그것이 바로 부흥을 증명하는 우리의 의무이자 권리이다"라는 저자의 글과 한국 강단에 부흥의 새바람을 일으키려 그 길을 걸어가는 저자의 목회를, 부흥을 사모하고 부흥을 이루고자 하는 모든 자들에게 권한다.

추천사

목원대학교 이희학 총장

    부흥은 모든 목회자들과 신실한 신앙인들의 꿈이다. 그래서 부흥이란 말만큼 믿는 사람들을 설레게 하는 말도 없다. 특별히 한국 교회는 세계에서도 찾아볼 수 없을 정도로 놀라운 부흥의 역사를 가지고 있다. 1903년 원산대부흥과 1907년 평양대부흥을 필두로 한 수많은 부흥운동이 오늘의 한국 교회의 성장의 원동력이었다. 하지만 오늘날 부흥이란 단어는 이런저런 이유로 현실적으로 불가능한 단어처럼 회자되고 있다. 더욱이 한국 교회는 지난 3년간의 코로나 시기를 마치고 이제 새로운 부흥을 외쳐야만 하는데 오히려 부흥보다는 현상 유지와 양적 관리를 최선으로 여기는 경향이 강하다. 과연 부흥은 지나간 과거형의 단어인가? "왜 오늘날 우리 교회는 부흥하지 못할까?" 이 물음은 목회현장에서 가장 빈번하게 던져지는 물음이며, 가장 강렬하게 외쳐지는 절규이다.

이러한 냉혹한 현실 속에서 최문기 목사님의 책은 사막 한가운데서 찾은 오아시스처럼 부흥에 대한 우리의 목마름을 해소해 주는 대답이라고 생각된다. 최문기 목사님은 30여 년의 목회를 통해서 자신이 직접 겪은 부흥의 이야기를 생생하게 증언하고 있다. 독자들은 한 문단 한 문단 읽어 나갈 때마다 부흥에 대한 잘못된 이해와 시행착오를 반성하면서 성서적인 참다운 부흥이 무엇인지를 공감할 수 있을 것이다. 『절망의 끝에서 외치는 부흥이야기』는 3부로 구성되어 있다. 독자들은 '1부 부흥이란'에서 부흥의 정의가 무엇인지 깨달을 수 있고, '2부 부흥을 위한 제언'에서는 부흥의 비전과 방법을 배우게 되며, '3부 부흥을 위한 실천'에서는 진정한 부흥을 위한 실천적인 과제를 성찰하게 될 것이다.

특히, 한 편의 드라마와 같은 이 책은 가슴을 뛰게 하는 명언들로 가득하다. '부흥은 교회의 수적 확대, 건축, 영향력의 증가가 아니다.' '부흥은 성령을 중심으로 하는 것이다.' '부흥은 결과가 아니라 과정이다.' '부흥은 은혜를 흘려보내는 것이다.' '부흥의 주체는 주님이고 부흥의 기초는 믿음이다.' '부흥은 아멘이다.' '부흥은 주님의 뜻을 이루는 것이다.' 한 문장 한 문장이 우리의 심금을 울리는 메시지이다. 부흥을 갈망하지만 부흥을 체험하지 못하는 것은 부흥에 대한 올바른 이해가 부족하기 때문이요, 부흥에 대한 성서적인 비전과 방법을 모르기 때문이요, 진정한 부흥에 대한 실천적 과제를 무시하기 때문이다. 이런 점에서 최문기 목사님의 책은 참되고 진정한 성서적 부흥에 대한 안내서로서 부흥이 불가능한 목회 현장에 참된 부흥의 꽃을 피우는 길잡이가 될 수 있을 것이다.

끝으로 이 책은 부흥을 위해 가슴앓이하고, 부흥이 안 되어 울고 절망하는 사람들과 부흥으로 인해 감동의 눈물을 흘리며 절대적으로 아멘으로 순종하여 하나님의 뜻을 이루어 드리고자 하는 사람들 모두에게 권하고 싶은 책이다. 부흥은 주님의 뜻을 이루어가는 것이요, 주님이 기뻐하시는 가장 소중한 사역이다. 성령을 중심으로 주님을 기대하며 부흥으로 나아가자! 부흥이 안 되는 곳에는 진정한 부흥의 노래가 불려지고, 부흥이 일어난 곳에는 주님의 뜻이 이루어지는 역사가 있기를 소망한다. 최문기 목사님을 통해서 일어난 부흥 이야기가 독자 여러분의 이야기가 되기를 바라며, 모든 교회와 목회현장에서 계속하여 불려지는 노래가 되기를 간절히 기도 드린다.

목차

글을 시작하며   5
추천사   8

1부
부흥이란   21

    부흥의 정의   22
    부흥의 기준: 하나님을 기쁘시게 하는가?   26
    부흥의 원리   29
    세상적 가치와 다른 부흥   35
    부흥, 성전을 세워라!   40
    부흥, 하나님의 자녀를 돌아오게 하라   46
    예수님을 따르는가?   49
    부흥의 통로   52
    부흥, 순환 구조   56
    부흥의 방향성   59

2부
부흥을 위한 제언   63

- 목회를 설계하라   64
- 최선을 다하라   67
- 성령을 중심으로 하라   72
- 밥이 되라   76
- 주님을 기대하라   80
- 세상으로 나아가라   83
- 종교인을 만들지 마라   86
- 고난의 바람을 타라   90
- 잠잠히 기다리라   94
- 사람이 남아야 한다   98
- 대가를 지불하게 하라   102
- 속사람에 관심을 가져라   105
- 은혜를 소진하라   108
- 울타리를 넓히라   113

주님과 동행하라	117
소망을 가지라	121
예수님 바보가 되라	126
딴 주머니를 차지 마라	129
딴 주머니를 회개하라	135
결과가 아니라 과정이다	139
주님의 것은 주께 드리라	144
은혜의 아궁이를 점검하라	148
은혜를 흘려보내라	152

3부
부흥을 위한 실천   157

부흥을 꿈꾸라	158
부흥을 실행하라	161
모교회를 세우라	170
거룩한 봉헌을 드려라	174
체험 세대를 살려라	178

신앙의 추억을 만들라	182
함께 행복한 노래를 부르라	185
세상을 향해 행복한 노래를 부르게 하라	189

글을 마치며　　192

아멘의 부흥으로	193
주님의 뜻이 이루어지는 부흥으로	196
삶 속에 나타난 부흥으로	200
하나님의 가치로 판단하라	201
관심을 두라	203
의심하지 말라	205
방법론이 아니다	207
그대로 행하라	210
현상을 바라보지 마라	212
부흥의 길을 걸어가라	215
부흥의 체험 세대를 살리자	217
부흥을 위해 아멘을 결단하라	220
주님의 뜻이 이루어지기를 고백하며 나아가라	223

1부
부흥이란

부흥의 정의

"여호와여 내가 주께 대한 소문을 듣고 놀랐나이다 여호와여 주는 주의 일을 이 수년 내에 부흥하게 하옵소서 이 수년 내에 나타내시옵소서 진노 중에라도 긍휼을 잊지 마옵소서"(합 3:2).

우리가 지금까지 알고 있었던 부흥은 무엇인가? 혹시 교회의 수적 확대, 성장, 건축, 영향력의 증가였는가? 물론 주님이 주시는 부흥이 이처럼 교회의 수적 확대와 성장과 건축 그리고 영향력의 증가로 나타나기도 하지만 이를 부흥의 모든 것이라 할 수는 없다. 수적 확대와 성장과 건축이 그리고 영향력의 증가가 부흥의 목적이요, 결과라 할 수 없기 때문이다. 때론 부흥이 우리 눈에 부서지고 깨진 고난일 수 있다. 주님께 울면서 왜 이런 시련을 주시냐고 부르짖지만 이것이 부흥의 한 모습일 수도 있다.

그렇다면 성경은 부흥을 무엇이라고 말씀할까? 하박국서는 우리에게 부흥의 정의를 보여 준다. 선지자 하박국은 죄와 강포가 만연하고, 율법을 따르지 않으며, 정의가 시행되지 못하는 이스라엘을 위해 하나님께 부르짖어 기도한다. 하지만 하나님의 응답은 그의 예상을 뛰어넘는 잔혹함 자체였다. 곧 끔찍한 심판이 닥친다는 것이었다. 너무 놀라 하나님께 다시 질문하고 응답을 기다렸지만 그 대답은 이 재앙이 확정되었으며 더딜지라도 지체되지 않고 반드시 이루어질 것이라는 말씀이었다(합 2:3). 하박국 선지자는 다만 여호와 앞에 잠잠하게 있을 수밖에 없었다(합 2:20).

하박국 선지자는 하나님의 뜻을 깨닫고 승복하여 기도한다. "여호와여 주는 주의 일을 이 수년 내에 부흥하게 하옵소서. 이 수년 내에 나타내시옵소서 진노 중에라도 긍휼을 잊지 마옵소서"(합 3:2). 여기서 '부흥'이라는 단어는 '이루다'라는 뜻으로 사용되었다. 하박국 선지자는 아무리 고난의 길이라 하더라도, 그것이 큰 아픔이 되고 거대한 재앙이 될지라도 "주님의 뜻이 이루어지기를 간절히 기도해야 한다"는 걸 깨달았던 것이다. 하박국 선지자는 진노 중에라도 긍휼을 잊지 말아 달라고 하며 그 가운데서도 은혜를 요청하였다.

바로 이것이다. 우리가 소망해야 할 부흥은 '주님의 뜻이 이루어지는 것'이어야 한다. 주님의 뜻은 나의 바람과 전혀 다를 수 있다. 그리고 그 일은 나에게 유익이 없을 수도 있으며, 심지어 고난일 수도 있다. 교회가 부하게 되지도 못하고, 숫자가 늘지도 못하고, 성장하지도 못할 수 있다. 심지어 사람들에게 손가락질을 당할 수도 있다. 하지만 우리가 주의해야 할 것은 바로 주님의 뜻을 이루는 것이다.

신약에서 예수님은 이 점을 더욱 분명히 하시며, 제자들에게 가르쳐 주신 기도문에서 말씀하셨다. "뜻이 하늘에서 이룬 것 같이 땅에서도 이루어지이다."

우리는 주님의 뜻을 깨닫고 바라보아야 한다. 주님의 뜻에 따라 우리는 주님의 일을 하며 오직 주님을 찬양하고, 그의 이름을 선포하며, 주님을 높여 찬양을 드려야 한다.

우리는 오직 주님이 원하시는 부흥을 바라보아야 한다. 지금까지 우리가 소망했던 부흥을 버리고 주님의 부흥을 바라보며 소망해야 한다. 그렇게 될 때 우리 교회는 아니 우리 지역 교회는, 나아가 한국 교회는 주님의 부흥으로 새롭게 날아오를 것이다. 주님의 뜻을 이루어가는 교회, 주님이 기뻐하시는 교회, 주님이 사랑하시는 교회로서 우리는 주님의 교회를 다시금 뜨겁게 부흥하게 할 것이다.

부흥의 기준:
하나님을 기쁘시게 하는가?

"오직 하나님께 옳게 여기심을 입어 복음을 위탁 받았으니 우리가 이와 같이 말함은 사람을 기쁘게 하려 함이 아니요 오직 우리 마음을 감찰하시는 하나님을 기쁘시게 하려 함이라"(살전 2:4).

부흥의 기준은 언제나 하나님을 기쁘시게 하는가여야 한다. 그 기준이 우리 자신이 될 때 항상 문제가 된다. 부흥의 기준은 언제나 하나님이 되어야 한다.

사도 바울은 당당하게 그가 전하는 복음의 기준이 하나님을 기쁘시게 하는 것이라고 말하였다. 우리가 사람을 기쁘게 하고 나를 기쁘게 하려 한다면 그것을 복음이라 할 수 없다. 우리는 오직 주님이 기뻐하시게 해야 한다.

내가 시무하고 있는 교회에 학생들 중심으로 편성된 비젼 찬양대가 있다. 나는 언제나 그들이 하나님께 찬양드림에 그리고 그 찬양을 하나님께서 기쁘게 받으실 것에 너무 감사했다. 그런데 어느 날 음악을 전공한 분이 이 찬양단을 어떻게 생각하냐는 질문을 하였다. 아마도 그분이 듣기에 전문성도, 음악성도 없는 부족한 학생들의 음악이 마음에 걸렸던 게 분명하다. 하지만 생각해야 하는 부분이 있다. 하나님은 그들 마음의 찬양 고백을 들으시는 거지 누가 들어도 감탄할 만한 화성이나 화음, 리듬을 기대하시는 게 아니라는 점이다. 분명 학생들의 찬양이 귀에 거슬렸다면 그 이유는 하나님이 아니라 내가 기준이 되었기 때문이다. 나의 전문적인 지식과 평가가 하나님을 앞서가 그들을 평가하고, 하나님은 완벽한 분이시니 더 완벽한 찬양을 드려야 한다는 편견이 가득하게 된 것이다. 하지만 기억해야 한다. 하나님의 기준은 우리의 상상을 초월한다는 사실을 말이다. 어떻게 저런 용모에, 저런 언변에, 저런 실력에, 저런 지식으로 하나님의 일을 하고, 하나님을 기쁘시게 할 거냐고 해서는 안 된다

다윗이 어떻게 하나님 앞에 왕으로 선택되었는지 기억하는가? 사무엘상 16장을 보면 다윗은 정말로 사람들의 기준으로

봐서는 절대로 왕이 될 수 없는 사람이었다. 외모만을 보면 첫째 엘리압이 되어야 했고, 용맹함, 무술 실력, 판단력을 본다면 이어져 소개된 다음의 형제들이 되어야 했다. 다윗은 아버지마저 외면하여 사무엘이 자신의 집에 왔을 때에도 자신의 아들임에도 양들을 지키게 하였다. 아버지의 마음에 차지 않는 아들이었던 것이다. 성경이 묘사하는 다윗이라는 인물은 당시 앞장서 전쟁에 나가 지도할 만한 인물이 아니었다. "빛이 붉고 눈이 빼어나고 얼굴이 아름답다." 용맹을 최고의 미덕으로 바라보았던 당시 기준으로 봤을 때 그는 강렬한 모습이 아닌 누군가 보호해 주어야만 하는 모습이었음이 틀림없다. 그런데도 하나님은 그를 택하셨다. 아마 하나님을 사랑하며 섬기던 그 모습을 귀하게 보셨기 때문일 것이다. 사무엘이 다윗에게 기름을 붓게 되었을 때 놀라운 일이 일어나게 된다. 바로 여호와의 영, 성령에 크게 감동된 것이다. 하나님을 기쁘시게 하였던 다윗은 성령을 받아 이제 새로운 사람이 되어 하나님의 뜻을 이루는 자가 된 것이다.

이처럼 우리의 부흥의 기준은 그가 가진 재능이나 능력이 아닌 하나님을 기쁘시게 하는가가 되어야 한다. 그러할 때 우리는 부흥을 이루는 사람으로 선택되어 성령 가운데 그 일을 이루는 자가 될 것이다.

부흥의 원리

"여호와께서 그들 앞에서 가시며 낮에는 구름 기둥으로 그들의 길을 인도하시고 밤에는 불 기둥을 그들에게 비추사 낮이나 밤이나 진행하게 하시니 낮에는 구름 기둥, 밤에는 불 기둥이 백성 앞에서 떠나지 아니하니라"(출 13:21-22).

나는 부흥의 원리가 있다고 생각한다. 하나님은 그때그때 상황에 따라 주먹구구식으로 역사하시지 않는다. 하나님의 손길은 언제나 세밀하시고 정밀하시며 그 계획 또한 언제나 완벽하시다. 성경은 하나님의 성품을 보여 준다. 우리는 성경에 나타난 천지 창조의 세밀함에서, 그리고 이스라엘을 인도하셨던 철저한 계획에서 하나님의 성품을 볼 수 있다. 하나님은 선지자들을 통해 미리 선포하시고, 약속하신 바에 따라 때에 맞춰 정확히 성취하시며, 계획하신 구원의 역사를 하나씩 이루어 가셨다. 비록 부족한 인간의 눈에 더디고 멀게만 느껴질지라도 하나님의 계획은 한치도 흐트러짐 없이 이루어졌다. 하나님은 말씀하신 바와 같이 선택하시고 세우시며 성장시키셔서 결국은 놀라운 역사를 목격하게 하셨다.

그렇다면 우리가 알아야 할 부흥의 원리는 무엇일까?

첫째, 누구나 볼 수 있다.

하나님은 이스라엘을 애굽에서 구원하시고 그들을 광야에서 지내게 하실 때 그들을 인도하고 보호한 구름 기둥과 불 기둥을 보내 주셨다. 그런데 이 구름 기둥과 불 기둥은 현실에 존재하는 명확한 증거로 나타났다. 즉 누구나 하늘을 쳐다보면 이 구름 기둥과 불 기둥을 볼 수 있었다는 것이다. 물론 구름에 가려진 시원함을 느낌으로, 추운 밤 따뜻함을 느낌으로 깨달을 수도 있었을 것이다. 그런데 이렇게 명확한 구름 기둥과 불 기둥을 통해 역사하시는 하나님을 부정한다면 그것은 단 한 가지 바로 하나님과 그분의 역사를 인정하지 않는 것이다. 하나님을 신뢰하지 않고 눈을 감고 애써 분명한 사실을 부정하고 없다고 해도 그 사실은 변하지 않는다.

누구나 볼 수 있는 하늘의 완벽한 표식을 보지 못한다면 어떻게 그가 하나님을 인정하고 신뢰한다고 말할 수 있을까? 하나님은 결코 놀라운 신비를 감추지 않으신다.

부흥 역시 이와 동일하다. 하나님께서 주시는 부흥은 전혀 볼 수 없거나 만질 수 없는 상상의 산물이 아니다. 과거에만 존재했고, 책으로만 접할 수 있는 게 부흥이라면 우리는 분명 하나님의 권능을 부정하고 하나님을 신뢰하지 않는 자들과 동일하다고 말할 수 있다.

그런데 어떤 사람들은 이제 이 시대에선 부흥을 찾아볼 수 없다고 한다. 심지어 부흥이 옛날 이야기라고 말하기까지 한다. 과연 그럴까? 부흥은 누구나 보고 경험할 수 있다. 누구나 볼 수 있는 부흥을 부정한다면 하나님을 신뢰하지 못하는 것과 다름없다. 하나님은 부흥을 우리에게 주셨고 그것을 누구나 바라보고 경험할 수 있도록 하셨다. 부흥의 역사는 멀리 있거나 사라진 게 아니다. 우리는 그 부흥을 볼 수 있고 체험할 수 있다. 이것이 부흥의 첫째 원리다.

둘째, 주님의 뜻이다.

부흥을 무엇이라고 생각할 수 있을까? 훌륭한 설교, 빼어난 활동으로 성도들을 커다란 교회에 채우는 걸 부흥이라 할 수 있을까? 많은 물질이 들어와 그해 결산이 많아지면 부흥되었다고 자랑할 수 있을까? 교회 건물을 크게 지은 사건을 부흥이라고 할 수 있을까? 짧은 기간에 수많은 성도들이 구름처럼 몰려왔다고 부흥이라 할 수 있을까?

사실 우리는 이러한 사건들을 부흥이라 말하곤 한다. 이와는 달리 교회에 눈에 띄는 변화가 없을 때 부흥이 보이지 않는다고 말하게 된다. 주님이 생각하시는 부흥도 그러할까? 아니다. 주님의 부흥은 다르다. 성경은 주님의 뜻을 이루는 것, 하늘에서 하나님의 뜻이 이루어진 것 같이 땅에서도 이루어 지는 것을 부흥이라고 말씀하신다. 우리가 진정 부흥을 경험하기 위해서는 주님의 뜻에 초점을 맞춰야 한다. 내 뜻, 세상적인 관점을 버리고 오직 주님께 초점을 맞추고 주님이 원하시는 바를 하나씩 이루어 갈 때 주님이 기뻐하시는 진정한 부흥을 경험하게 될 것이다.

우리는 산술적인 개념을 버려야 한다. 교인 숫자, 헌금 액수, 교회 크기 등 산술적인 개념을 버리고 주님의 원하시는 바를 바라보아야 한다.

예수님은 "너희가 이 성전을 헐라 내가 사흘 동안에 일으키리라"(요 2:19)라고 말씀하셨다. 우리는 화려한 성전에 **모든 눈**길이 가 있다. 거대하고 멋지게 빛나는 성전은 그들의 자랑이었다. 하지만 예수님은 46년 동안 지은 그들의 자랑거리인 헤롯성전을 헐라고 하셨고, 그 성전을 사흘 동안 일으키신다고 하셨다. 이는 예수님의 십자가와 부활을 의미하신 표현으로, 오직 예수님에 의해서만 성전이 세워질 수 있다는 말씀으로 이해할 수 있다. 우리가 외형적인 성전에 시선을 돌리고 이를 부흥의 상징으로 보니 반대로 주님의 뜻이 안 보이는 것이다.

우리는 주님의 뜻을 바라보아야 한다. 그 뜻이 무엇인지 정확히 알게 될 때, 그리고 그 뜻을 위해 우리가 살게 될 때 우리는 진정한 부흥을 볼 수 있게 될 것이다.

셋째, 예수님의 증인이 되게 하는 것이다.

우리는 여전히 부흥을 현상적인 모습에서 찾으려 한다. 과거 뜨겁게 기도하던 모습, 수많은 사람이 모여 집회에 참여하는 모습, 여기 저기 울며 회개하는 모습이 진정한 부흥의 모습이라고 생각한다. 하지만 예수님께서 승천하신 현장을 기록한 마태복음 28장을 읽을 때 우리가 지금까지 알고 있었던 공식들이 무너지게 된다.

과연 주님이 원하시는 진정한 뜻은 무엇인가? 무엇을 행할 때 우리가 부흥의 길로 나갈 수 있을까? 마태복음 28:18-20에서 예수님은 "하늘과 땅의 모든 권세를 내게 주셨으니 그러므로 너희는 가서 모든 민족을 제자로 삼아 아버지와 아들과 성령의 이름으로 세례를 베풀고 내가 너희에게 분부한 모든 것을 가르쳐 지키게 하라"고 말씀하셨다. 바로 주님의 뜻이 제자, 즉 사람을 세우고 세례를 베풀어 그로 하여금 주님의 증인이 될 수 있도록 하라는 것이었다.

결국 지금까지 우리가 알고 있었던 부흥은 본질이 아닌 현상에 불과하다. 울며 회개하고 뜨겁게 기도하며 집회에 참석하는 이유는 교회를 더 크게 하고 자랑하기 위함이 아니다. 바로 주님의 증인으로 세우기 위함이다. 주님의 말씀을 가르쳐 지키도록 사람을 세워야 한다. 여기에 진정한 기도와 예배가 빠져서는 안 된다. 하지만 왜 기도해야 하는지, 왜 예배드려야 하는지에 관한 본질을 알아야 한다. 그것은 바로 주님의 뜻인 증인이 되게 하기 위함이다. 이렇듯 주님의 증인이 되도록 하는 모든 역사가 결국 부흥이며 마지막 부흥의 중요한 원리라고 할 수 있다.

세상적 가치와 다른 부흥

"우리 주 예수 그리스도의 하나님, 영광의 아버지께서 지혜와 계시의 영을 너희에게 주사 하나님을 알게 하시고 너희 마음의 눈을 밝히사 그의 부르심의 소망이 무엇이며 성도 안에서 그 기업의 영광의 풍성함이 무엇이며 그의 힘의 위력으로 역사하심을 따라 믿는 우리에게 베푸신 능력의 지극히 크심이 어떠한 것을 너희로 알게 하시기를 구하노라 그의 능력이 그리스도 안에서 역사하사 죽은 자들 가운데서 다시 살리시고 하늘에서 자기의 오른편에 앉히사 모든 통치와 권세와 능력과 주권과 이 세상뿐

아니라 오는 세상에 일컫는 모든 이름 위에 뛰어나게 하시고 또 만물을 그의 발 아래에 복종하게 하시고 그를 만물 위에 교회의 머리로 삼으셨느니라 교회는 그의 몸이니 만물 안에서 만물을 충만하게 하시는 이의 충만함이니라"(엡 1:17-23).

지금까지 많은 사람들은 작은 교회를 부흥한 교회라고 부르지 않았다. 오히려 애처로운 눈빛으로 바라보며 교회가 부흥하지 못한 이유를 찾으려 하였다. 과연 그럴까? 주님이 목표로 하시는 참된 교회의 기준이 교회의 크기일까?

2019년 말부터 전 세계는 코로나 바이러스로 엄청난 시련을 겪어야 했다. 모임은 금지되었고 사람과 사람의 만남이 경계되었다. 이로 인해 모든 산업, 모든 활동이 큰 타격을 입었다. 그중 함께 모여 예배 드리는 교회의 타격은 정말 심각하였다. 모임 자체가 금지가 되자 예배를 드릴 수 없게 되었고, 다만 온라인으로 예배 실황을 전송할 수밖에 없었다. 교인들은 온라인 예배를 드리면서 예배에 대한 간절함이나 사모함을 잃어 갔고 신앙마저 약해져 갔다. 이것은 교회에 다가온 큰 시련이었다. 과연 주님의 뜻이 어디에 계실까? 우리는 끊임없이 질문하며 인내하는 가운데 긴 고난의 터널을 지나야 했다.

이처럼 고난 중에 있었던 우리에게 부흥이 있다고 말할 수 있을까? 우리가 모임과 재정적인 풍요, 명성이라는 세상적 가치에 집중하고 있다면 분명 부흥은 존재하지 않는다고 할 것이다. 그런 가치에 부합하는 교회를 찾기가 어려울 것이기 때문이다.

한겨울 들에 나가 보라! 우리 눈에 생명이 넘치는 식물들이 있는지. 분명 모두 죽은 것처럼 보인다. 꽃은 물론 잎도 보이지 않는다. 열매도 없다. 앙상한 나뭇가지만이 남아 있다. 이 모습을 보고 죽었다고 할 수 있는가? 한파에 새하얀 눈이 소복이 쌓여 흔들리는 가지. 과연 죽었다고 할 수 있을까? 아니다. 그 나무는 여전히 살아 있고 지금도 그 생명을 이어 가고 있다. 우리 기준으로 이 나무를 평가한다면 열매를 맺고 있는 가을만이 부흥이라 부르게 될 것이다. 하지만 그렇지 않다. 나무가 살아 있는 한 이 나무는 계속 부흥을 하고 있다고 할 수 있다. 주님께서 허락하신 사명인 꽃을 피우고 열매를 맺는 사역을 꾸준히 이어 가고 있기 때문이다.

이스라엘이 바벨론에 포로로 끌려갔을 때를 돌아보자. 이스라엘이 범죄함으로 하나님은 선지자들을 보내 경고함으로써 회개하고 돌이키라고 하셨다. 그럼에도 불구하고 그들은 회개하지 않았고 결국 하나님은 이스라엘을 심판하셨다. 그들은 바벨론에 포로로 끌려갔다. 그렇다면 이제 이스라엘이 완전히 버림을 받았다고 말할 수 있는가? 아니다. 하나님은 여전히 그들을 사랑하셨고 그들 가운데 계셨으며 위로하심으로써 고난의 시기를 버티게 하셨고 다시 새로운 은혜로 일어나게 하셨다. 하나님의 구속의 역사는 계속 흐르고 있었던 것이다. 그렇다면 여기서 질문할 수 있다. 바벨론 포로 시기를 부흥에서 완전히 제외할 수 있을까? 아니다. 고난 속에서도 끊임없이 은혜의 강이 흐르고 생명이 움직인 것이다. 그들은 씨앗이 발아하려고 땅속에서 조금씩 성장한 것과 같다. 우리는 이 모두를 부흥이라 할 수 있다.

사도행전 3장에서 베드로가 못 걷게 된 자를 성령의 능력으로 일으키고 놀란 백성들을 향해 솔로몬 행각에서 말씀을 전한 이후 이스라엘에 놀라운 부흥이 일어났다. 무리가 모두 성령이 충만하여 제사장들과 관리들을 두려워하지 않고, 담대히 하나님 말씀을 전하게 되었다(행 4:31). 그런데 이를 베드로의 설교 때문이라고 할 수 있을까? 그가 능력 있게 사역하니 그가 높임을 받고, 부흥의 역사가 나타난 것일까? 아니다. 성경은 결코 베드로 때문이라고 말하지 않는다.

성경은 "제자가 더 많아졌다"(행 6:1)고 할 때도 베드로를 그 이유로 들지 않았다. 주께서 제자들을 더하게 하셨기 때문이다. 다시 말해 주님이 부흥의 이유이며 사람은 다만 그 역할을 수행했을 뿐이다. 우리는 영광의 자리를 주님께 드려야 한다. 오직 우리는 종으로서 주님께 쓰임을 받는 무익한 사람임을 날마다 고백해야 한다.

부흥, 성전을 세워라!

"이 성전이 황폐하였거늘 너희가 이 때에 판벽한 집에 거주하는 것이 옳으냐 그러므로 이제 만군의 여호와가 이같이 말하노니 너희는 너희의 행위를 살필지니라 너희가 많이 뿌릴지라도 수확이 적으며 먹을지라도 배부르지 못하며 마실지라도 흡족하지 못하며 입어도 따뜻하지 못하며 일꾼이 삯을 받아도 그것을 구멍 뚫어진 전대에 넣음이 되느니라 만군의 여호와가 말하노니 너희는 자기의 행위를 살필지니라 너희는 산에 올라가서 나무를 가져다가 성전을 건축하라 그리하면 내가 그것으로 말미암아

기뻐하고 또 영광을 얻으리라 여호와가 말하였느니라"(학 1:4-8).

우리는 부흥을 위해 무엇을 해야 할까?
이스라엘 사람들이 바벨론 포로로 끌려간 이유는 하나님을 잃어버렸기 때문이다. 하나님을 잃어버리고 나면 성전은 이미 하나님이 거하시지 않는 건물이 될 뿐이다. 그들은 그들 스스로 하나님의 성전을 무너뜨린 것이다. 그 후 바벨론에 포로로 잡혀간 이스라엘을 향해 회개를 요구하며 하나님이 주실 은혜를 사모하라고 외친 선지자들은 그들에게 후에 주어질 회복과 함께 다시금 바라보아야 할 성전을 말하였다. 그들에게 무너진 성전 건축을 사명으로 제시한 것이다. 이와 같은 메시지는 오늘날 부흥을 소망하는 우리에게 동일하게 적용된다. 무너진 교회를 회복하고 부흥하는 첫 번째 길이 바로 성전을 세우는 것과 같기 때문이다.
바벨론 포로에서 돌아온 이스라엘에게 하나님은 제일 먼저 성전 건축을 명하셨다. 그러나 문제는 그들의 상황으로 볼 때 건축할 수 있는 적절한 환경이 아니었다는 데 있다. 그들을 끊임없이 노리는 외부 세력이 있었고, 물질적으로나 정신적으로나 여력이 전혀 없었다. 여기에 이전에 지었던 솔로몬 성전은 화려함의 극치라 비교할 대상이 없었으니 그들이 느꼈을 심적인 좌절은 상당했을 것이다. 어쩌면 아직 때가 되지 않았다는 그들의 푸념이 맞을지도 모른다. 그들은 백향목은커녕 마땅한 건축 자재도 없었다.

이때 하나님께서 이스라엘에게 명령하신 바는 무엇이었는가? 그렇다. 산에 올라가 나무를 가져다 성전을 건축하라는 것이었다. 여기 '산'이라는 단어에 특별히 정관사가 붙어 있다. 다시 말해 그들이 모두 알고 있는 '그 산', 즉 바로 그들 눈 앞에 있는 산에서 나무를 잘라 오라는 말씀이었다. 하나님께서 명하신 재료는 건축에 적합하다고 하기에는 부족함이 많았다. 성전 건축에 사용될 목재라면 분명히 곧게 뻗은 백향목과 같은 나무여야 했지만 눈앞에 있는 산은 키 작고 구불구불한 나무만이 가득했다. 그럼에도 하나님은 잡목과 같은 그런 나무로 지을지라도 그 성전을 기뻐하셨을 것이다.

이와 같은 하나님의 명령은 성전은 하나님을 인정하고 순종하는 마음으로 세워야 한다는 사실을 보여 주기 위함으로 이해할 수 있다. 하나님은 불에 타버린 돌을 모으고 주변의 잡목을 베어 세우게 된 초라한 성전이지만 하나님 중심의 성전에 임재하셔서 과거 그 어떤 성전보다 더 위대하고 아름답게 역사하실 거라고 말씀하셨다. 이 영광의 모습은 만백성에게 감격과 찬양을 불러 일으키게 될 것이다.

오늘날 하나님의 뜻이 하늘에서와 같이 이 땅에 이뤄지기를 바라는 우리에게도 하나님의 성전이 세워짐으로써 부흥이 일어나게 될 것이다. 하나님 중심의 성전은 바로 하나님께서 바벨론 포로에서 돌아온 이스라엘 백성들에게 요청하셨던 것과 같은 부족한 우리를 재료로 하는 우리 안에 세워지는 하나님 중심의 성전을 의미한다. 우리는 하나님 뜻에 따라 나보다 하나님을 먼저 생각하고 나의 것으로 최선을 다하는 성전을 세워야 한다. 그럴 때 주님이 거하시며 주님의 말씀이 우리 삶에서 이뤄지는 놀라운 은혜를 체험하게 될 것이다.

이것이 바로 바벨론에서 포로로 돌아온 이스라엘에게 가장 먼저 성전 건축을 요청했던 이유가 된다. 하지만 그들은 자신의 집을 세우기에 바빴다. 하나님의 성전은 이처럼 초라하게 중단된 상태인데 자신의 집은 벽까지 있는 완전한 형태로 세워 자신의 몸의 안위를 우선하였다. 그렇기 때문에 하나님은 학개 선지자를 보내 중단된 그들의 연약함을 질책하고 다시금 힘을 내 성전 건축에 앞장설 수 있도록 하셨다.

물론 이스라엘 백성들에게 성전 건축은 커다란 희생을 요청한다. 그들은 자신들의 안위도, 안전도, 생계도 하나님께 완전히 맡겨야 한다. 그리고 자신들의 판단도 드려야 한다. 어쩌면 결코 자신들의 눈이나 마음에 들지 않는 재료를 사용하라 하셔도 순종함으로 수행해야 한다. 마음에 안 든다고 과거와 비교하며 초라하다고 푸념만 늘어 놓거나 자신들이 하는 일을 비하해서는 안 된다. 거룩하신 하나님이 기뻐하시는 일이요, 하나님의 뜻임을 늘 기억하며 현재 자신들의 작은 몸짓으로 기쁘게 순종해야 한다.

하나님의 아들이신 예수님은 우리를 위해 이 땅에 오셔서 우리 죄를 위해 죽으셨고, 성령님을 보내심으로 우리 안에 거하여 우리 안에 성전을 세울 수 있도록 하셨다. 우리는 주님을 위해 대가를 치르며 주님을 우리 삶의 왕으로 세우고 순종함으로써 성전을 세워 가야 한다.

예수님이 친히 모퉁잇돌이 되셨음을 기억하라! 우리는 예수님 안에서 연결해 주 안에 성전이 되어 가야 한다. 그리고 성령님 안에서 하나님의 거하실 처소가 되기 위해 예수님과 함께 지어져 가야 한다(엡 2:20-22).

따라서 우리는 주님 안에서, 주님으로 인한 고난도 즐거워해야 한다. 우리에게 고난이 있다는 건 우리가 고난의 길을 걸어가신 예수님의 길을 간다는 증거가 되기 때문이다. 성전이 중심이 될 때, 즉 우리가 예수님 중심으로 살아갈 때 주님의 말씀의 씨가 삶에서 열매를 맺게 된다.

미가서는 포로에서 돌아온 이스라엘 백성들에게 그들의 고난을 다시 되새기며 그들이 성벽을 건축하는 날 지경이 넓혀지게 될 것이라고 말한다(미 7:11). 이것은 하나님 나라의 확장으로 그들이 얻게 될 진정한 부흥을 가리킨다. 지경이 넓혀진다는 것은 단순히 성벽의 크기가 커진다는 의미가 아니다. 바로 하나님께로 돌아올 사람들을 가리킨다. 그 폭은 상상을 초월한다. 미가서는 앗수르에서 애굽성까지라고 말씀한다(미 7:12). 당시 그들의 머릿속에 들어 있던 모든 영역의 땅들을 가리킨다. 온 지구 사람들이 주님께 돌아오는 놀라운 역사를 직접 목도하게 된다는 의미이다. 만약 우리가 그리스도로 인해 우리 안에 성전을 세우게 되면 우리 안에 부흥이 일어날 뿐 아니라 그 부흥이 내 주위와 나아가 우리나라와 전 세계로 퍼지게 될 것이다.

부흥, 하나님의 자녀를 돌아오게 하라

"주는 계신 곳 하늘에서 들으시며 사유하시되 각 사람의 마음을 아시오니 그의 모든 행위대로 갚으시옵소서 주만 홀로 사람의 마음을 아심이니이다 그리하시면 그들이 주께서 우리 조상들에게 주신 땅에서 사는 동안에 항상 주를 경외하며 주의 길로 걸어가리이다"(대하 6:30-31).

솔로몬이 성전을 건축하고 제사장들이 여호와의 언약궤를 자기의 처소로 메어 들였더니 여호와의 영광이 성전에 가득하였다. 그때에 솔로몬은 이스라엘 온 회중 앞에서 무릎을 꿇고 하늘을 향해 손을 펴고 기도하였다. 그의 모습은 너무 거룩하였고, 진심 어린 그의 기도는 모두를 감동시켰다. 성경은 그의 기도를 모두 담고 있다. 특별히 우리는 그의 기도에서 성전의 특별한 기능을 볼 수 있다. 그것은 바로 죄를 지은 자들이 회개하고 다시 하나님께 돌아오게 하는 기능이었다. 이스라엘 백성들이 어느 곳에 있든지 성전을 바라보며 이 성전의 주인이신 하나님께 기도하면 막혔던 하나님과의 관계가 다시 회복될 거라는 것이다.

솔로몬의 기도는 오늘날에도 그대로 이어진다. 그리스도로 인해 우리 안에 성전을 세울 때 그리고 이 성전에 성령님이 거하시게 될 때 우리는 하나님과 소통하며 하나님의 자녀로서 기쁨이 충만한 행복한 삶을 살 수 있게 된다. 이 기쁨은 물질의 풍요나 높은 명예와 비교할 수 없다. 이것이 바로 부흥의 삶이라 할 수 있다. 이처럼 교회가 하나님의 뜻을 이루며 하나님 중심의 성전을 세워갈 때 모든 성도는 주께로 돌아와 부흥의 삶을 살 수 있게 될 것이다.

지금까지 우리는 지나치게 현상에 함몰되어 있었다. 숫자와 분위기 그리고 평가와 물질, 이 모든 것으로 평가하여 줄을 세우니 작은 교회는 언제나 부흥에 실패한 교회가 되고 만다. 하지만 성전 건축에서 우리가 깨달은 것처럼 오직 하나님의 영광,

하나님의 뜻을 구하게 될 때 우리는 어떤 형편 가운데서도 일어나며 주님께 돌아오는 수많은 아들과 딸들을 보게 될 것이다.

　교회가 하나님의 자녀들을 돌아오게 하는 길은 결코 수단과 방법에 있지 않다. 만약 그러한 수단과 방법에 있다고 믿는다면 우리는 매일 새로운 세미나에 귀를 기울이게 될 것이다. 그리고 그들이 전하는 새로운 방법에 매료되어 그 방법으로 사람들을 모으려 할 것이다. 하지만 주님은 그렇지 않다고 말씀하실 것이다. 주님은 간절히 우리에게 주님의 뜻을 바라볼 것을 요청하시며, 우리에게 하나님의 자녀들이 돌아오게 하라고 말씀하신다. 우리가 진정한 성전을 우리 안에 세우게 될 때 그리고 우리 교회에 세우게 될 때 하나님의 자녀들이 돌아오게 될 것이다. 이는 우리에게 기쁨일 뿐 아니라 천국에서도 잔치를 베푸는 큰 기쁨이 될 것이다.

　아직도 부흥이 보이지 않는가? 부흥은 멀리 있지 않다. 부흥이 바로 주님의 뜻을 바라보고 그 뜻을 실행하는 것임을 깨닫는다면 우리의 삶에서, 우리의 교회에서 놀라운 부흥의 은혜를 체험하게 될 것이다. 이제 세상적인 눈을 내려놓자. 뜬구름과 같은 숫자와 평가를 내려놓고 오직 주님의 눈으로 바라보자. 이제 다시 질문하기를 원한다. 우리에게 부흥이 있다고 말할 수 있을까?

예수님을 따르는가?

"이것을 너희에게 이르는 것은 너희로 내 안에서 평안을 누리게 하려 함이라 세상에서는 너희가 환난을 당하나 담대하라 내가 세상을 이기었노라"(요 16:33).

우리가 예수님을 바라보는 이유는 무엇인가? 예수님이 세상에서 성공했기 때문일까? 아니다. 세상적인 눈으로 예수님을 바라본다면 그는 실패한 사람이라 할 수 있다. 예수님은 권위와 권력을 모두 쥐고 있던 서기관들과 제사장들에게 인정을 받지 못했다. 예수님이 이적을 베풀었을 때 이스라엘 사람들은 예수님이 큰 권력을 잡을 줄 알고 당장 예수님을 세워 나라를 일으키려고 하였다. 예수님이 허락하셨다면 엄청난 변화가 일어났을 것이다. 하지만 예수님은 잠잠하셨다. 죽은 사람도 일으키시고 물고기 두 마리와 보리떡 다섯 개로 오천 명이나 먹이셨지만 예수님은 자신을 결코 내세우지 않으셨다. 결국 종교의 권력자들에 의해 십자가에서 죽임을 당하셨다.

왜 우리는 이런 예수님을 따르는가? 그것은 예수님 안에 생명이 있고 소망이 있기 때문이다. 예수님은 하나님의 아들이셨지만 겸손하셨고 자신을 낮춰 십자가에 죽으심으로 우리를 위한 구원의 역사를 완성하셨다. 세상적인 눈으로 예수님은 실패자였지만 하나님의 눈으로 볼 때 예수님은 위대한 구원의 완성자요, 우리가 반드시 신뢰하고 따라야 할 최상의 길이셨다.

예수님은 "내가 곧 길이요 진리요 생명이니 나로 말미암지 않고는 아버지께로 올 자가 없느니라"(요 14:6)라고 말씀하셨다. 우리는 주님을 따라야 한다. 그 이유는 주님이 길인 동시에 생명이기 때문이다. 다시 말하면 예수님이 우리 삶의 기준인 동시에 부흥의 기준이 되기 때문이다.

부활하신 예수님이 제자들을 만나 말씀하신 명령은 "하늘과 땅의 모든 권세를 내게 주셨으니 그러므로 너희는 가서 모든 민족을 제자로 삼아 아버지와 아들과 성령의 이름으로 세례를 베풀고 내가 너희에게 분부한 모든 것을 가르쳐 지키게 하라"(마 28:18-20)고 하셨다. 이 명령을 따라 우리 역시 사람들을 주님의 제자로 세우기 위해 헌신해야 한다. 여기서 주님의 제자로 세운다는 의미는 주의 말씀대로 살도록 한다는 의미이기도 하다. 그것은 바로 예수를 닮은 자로 만든다는 것이다. 곧 주님처럼 그들이 하나님의 뜻을 실행하는 자들로 세운다는 의미이다.

우리가 여러 개의 막대를 같은 길이로 자르기 위해서는 기준이 되는 막대를 가지고 있어야 한다. 그렇지 않고 매번 앞서 자른 막대를 대고 그 다음 막대를 자르게 되면 분명 길이가 달라져 그 오차는 횟수가 거듭될수록 더욱 커지게 될 것이다.

우리 삶의 기준은 반드시 예수님이 되어야 한다. 그렇지 않다면 점점 예수님과 거리가 먼 삶을 살게 된다. 말로만 예수님의 제자이지 삶을 보면 전혀 다른 모습을 갖게 된다는 의미다. 우리의 꿈은 주님의 뜻을 이루는 자로 또 주님을 닮은 자로 주님이 기준이 되는 삶을 사는 것이다.

부흥의 통로

"그 때에 세례 요한이 이르러 유대 광야에서 전파하여 말하되 회개하라 천국이 가까이 왔느니라 하였으니 그는 선지자 이사야를 통하여 말씀하신 자라 일렀으되 광야에 외치는 자의 소리가 있어 이르되 너희는 주의 길을 준비하라 그가 오실 길을 곧게 하라 하였느니라"(마 3:1-3).

세례 요한은 미래가 보장된 사람이었다. 그의 아버지 사가랴가 제사장으로 이름 있는 가문 출신이었기 때문이다. 아마 세례 요한이 정상적으로 교육받고 시키는 대로 자신의 업무에 충실했다면 다음 제사장이 되었을 것이다. 어쩌면 거기서 더 노력하고 정치적인 입지를 잘 갖췄다면 대제사장이 되어 백성들 앞에서 호령했을지도 모른다. 하지만 그는 자신이 받은 사명인 주의 길을 예비해야 했다. 이 사명은 거칠고 험난해 사람들에게 오해를 받을 수도 있고, 안락한 삶은 꿈도 꾸지 못하게 될 수도 있었다. 명예는 물론 물질적인 평안도 바라보지 못하게 될 수 있는 것이다. 그러나 그는 그 길을 위해 묵묵히 걸어 갔다. 광야의 외로운 곳에서 하나님을 만나며 기도하고 묵상하면서 묵묵히 준비하다 드디어 주의 길을 선포하며 험난한 여정을 시작하였다.

우리는 세례 요한의 삶을 실패했다고 말할 수 있을까? 아니다. 그의 이름은 하늘에서 별과 같이 빛나게 되었다. 하나님은 그를 가장 귀하게 여기셨고, 예수님도 말씀 중에 그를 선지자로 인정하셨다. 만일 세례 요한이 당시 권세자들을 인정하고 그들의 마음에 기쁘게 설교를 하였다면, 그들의 죄를 눈감아 주고 훌륭하다고 칭찬했다면, 그들이 미워한 예수님을 조금만 멀리했다면 아마 그는 당시 사람들에게 큰 선지자라고 칭송을 받으며 모든 권력을 누리게 되었을지도 모른다. 하지만 그는 주님을 위해 이 모두를 거절하였다. 그리고 주님에 앞서 죽음을 맞이하며 자신의 소명을 완수하였다.

앞서 백성들에게 회개의 세례를 베풀며 마음을 열어 주님을 맞이하게 한 그의 사역은 결코 허망하다 말할 수 없다. 값지고 귀한 사역이었다. 그의 삶은 비록 쓸쓸하고 외로웠지만 이 땅에서는 풍요를 전혀 누리지 못하고 아픈 죽음을 맞이했지만 그의 삶은 결코 헛되지 않았다. 그는 주님의 뜻을 깨닫고 그 길로 나아가도록 백성들을 이끈 부흥의 통로라고 할 수 있다.

우리 역시 주의 백성들을 참된 부흥으로 이끄는 부흥의 통로 역할을 해야 한다. 지금 우리의 현실이 부흥과 거리가 먼 것처럼 보일지 모른다. 코로나19 팬데믹은 전 세계를 흔들었고, 거대한 태풍과 지진 그리고 전쟁의 끔찍한 현실들이 세계를 짓누르고 있다. 경제는 또 어떠한가? 전 세계는 인플레이션의 위험으로 통화 긴축에 금리가 천정부지로 올라가고 있다. 물류 순환도 순조롭지 않다. 게다가 가스와 기름 가격도 불안정하다. 이러한 때 우리가 무엇을 할 수 있을까? 물가가 급하게 오르니 성도들의 생활도 평탄하지 않다. 우리가 과연 성도들에게 부흥을 말할 수 있을까? 사실 우리는 현실적으로 성도들에게 물질을 선사할 수 없다. 그들에게 어떤 주식이 오를지, 어떤 토지가 오를지 제언할 수 있는 혜안도 없다. 하지만 분명한 사실이 있다. 바로 이 시대에 원하시는 주님의 뜻이다. 그것은 몇 명이 모이는 교회일 수도, 몇 천 명이 모이는 교회일 수도 있지만 분명한 것은 주님의 뜻을 이루어 나간다는 사실이다. 주님이 우리에게 주신 꿈은 바로 이것이다. 우리가 주님의 꿈을 꾸며 주님의 뜻을 이루어 나갈 때 어떤 고난이 오더라도 우리는 속상해하거나 원망하지 않고 세례 요한과 같이 기쁘게 감당하게 될 것이다. 또한 세례 요한과 같이 주님의 인정과 사랑을 흠뻑 받게 될 것이다.

이것이 주님이 승천하신 이후 성령님과 함께 이루어 나갈 놀라운 비전이다. 사람들의 안 된다는 말에 귀를 기울일 필요가 없다. 오직 주의 말씀을 따라 주의 성령님의 인도하심과 역사하심에 따라 나아갈 때 우리는 주님이 기뻐하시는 주님의 제자들을 세우며 주님의 은혜를 세상에 전하는 귀한 일을 감당하게 될 것이다. 기억하라. 지금이 바로 부흥의 기회요, 부흥을 이루어 나가야 할 주님의 때이다.

부흥, 순환 구조

"갇힌 중에서 낳은 아들 오네시모를 위하여 네게 간구하노라 그가 전에는 네게 무익하였으나 이제는 나와 네게 유익하므로 네게 그를 돌려 보내노니 그는 내 심복이라 그를 내게 머물러 있게 하여 내 복음을 위하여 갇힌 중에서 네 대신 나를 섬기게 하고자 하나 다만 네 승낙이 없이는 내가 아무 것도 하기를 원하지 아니하노니 이는 너의 선한 일이 억지 같이 되지 아니하고 자의로 되게 하려 함이라 아마 그가 잠시 떠나게 된 것은 너로 하여금 그를 영원히 두게 함이리니 이 후로는 종과 같이 대하지 아니하고

종 이상으로 곧 사랑 받는 형제로 둘 자라 내게 특별히 그러하거든 하물며 육신과 주 안에서 상관된 네게랴 그러므로 네가 나를 동역자로 알진대 그를 영접하기를 내게 하듯 하고 그가 만일 네게 불의를 하였거나 네게 빚진 것이 있으면 그것을 내 앞으로 계산하라"(몬 1:10-18).

사도 바울은 빌레몬과 아킵보 그리고 그 가정에 있는 교회에 편지하였다. 이 편지는 인사와 함께 특별한 목적을 가지고 있는데 그것은 바로 오네시모를 위한 선처를 구하는 내용이 중심이 되고 있다. 오네시모는 주인의 재물을 훔쳐 달아난 노예였다. 그의 도주로 인해 주인은 분명 큰 상심과 함께 경제적인 손해를 입어야 했다.

하지만 그는 감옥에서 사도 바울을 만나게 되었고, 사도 바울을 통해 큰 은혜를 받아 그리스도를 알게 되었다. 그후 그의 삶은 180도 변하였다. 그는 진심을 다해 복음에 온 힘을 다하는 사도 바울을 섬겼던 것이다. 감옥의 혹독한 환경에서 버틸 수 있도록 사도 바울을 돌보며 자신의 몸은 생각하지도 않았다. 사도 바울은 그를 갇힌 중에 나은 아들이라 칭할 정도로 그를 귀하게 여겨 그가 감옥에서 나올 때 그에게 편지를 주어 그의 주인이었던 빌레몬에게 전달하게 하였다.

　이 편지에서 중요 포인트는 그가 하나님의 사람으로 변하였고, 그가 사도 바울에게 중요한 사람이 되었으니 이제 그를 종이 아닌 동역자로 대하고 영접해 달라는 것이었다. 다시 말해 그에게 은혜를 베풀라는 말이었다. 이 은혜는 일방적인 은혜가 아니라 빌레몬이 베푼 그 이상으로 그에게 돌아오는 순환 구조 속의 은혜이다. 그것은 바로 하나님으로 인해 그 은혜가 더 풍성하게 되돌아오는 은혜의 순환이 이루어지기 때문이었다.

　우리가 힘을 다해 주의 이름으로 베풀며 가르치고 주의 제자로 세우게 될 때 그는 다시 다른 제자를 세워 그 은혜가 멈추지 않고 계속 순환되는 놀라운 일이 일어나게 된다. 이것은 물의 흐름과 같다. 한 번 강으로 흘러간 물이 그것으로 끝나는 게 아니듯 말이다. 그 물은 다시 모여 바다로 흘러가 수증기가 되어 세상에 비를 뿌리게 된다. 은혜의 순환 구조도 마찬가지이다. 우리가 은혜를 흘려보내면 돌고 돌아 그 물은 다시 세상에 큰 은혜의 비가 될 것이다.

　우리는 주의 뜻을 이루기 위해 세상에서 힘쓰며 이 부흥이 순환되어 우리 지역, 우리나라에 큰 은혜의 단비가 되기를 소망해야 할 것이다.

부흥의 방향성

"너희는 세상의 빛이라 산 위에 있는 동네가 숨겨지지 못할 것이요 사람이 등불을 켜서 말 아래에 두지 아니하고 등경 위에 두나니 이러므로 집 안 모든 사람에게 비치느니라 이같이 너희 빛이 사람 앞에 비치게 하여 그들로 너희 착한 행실을 보고 하늘에 계신 너희 아버지께 영광을 돌리게 하라"(마 5:14-16).

예수님은 우리 성도들을 향해 세상의 빛이라 말씀하셨다. 예수님께서 성도들을 세상의 빛으로 비유하신 이유는 빛이 가진 특성에 기인한다. 빛은 따뜻함을 가진 에너지이기도 하지만 확산되는 특성을 가지고 있다. 이런 이유로 등불을 등경 위에 두게 된다. 사물의 방해를 받지 않는 높은 곳에 둘 때 사물을 환히 비출 수 있기 때문이다. 주님은 이런 특징을 비유로 삼아 성도들의 착한 행실을 말씀하셨던 것이다.

우리가 바라보는 부흥은 이와 같은 빛을 발할 장소가 중요하다. 부흥은 세상을 향해 놓여 있어야 한다. 부흥이 오직 교회 안에만 있다면 이 세상은 언제나 어둠이 가득하게 될 것이다. 부흥의 빛은 세상을 향해 빛이 흘러가도록 놓여야 한다.

나는 부흥을 이야기할 때 옛날 시골에서 흔히 볼 수 있었던 굴뚝에 비유하곤 한다. 구들장을 깔았던 옛날 집은 반드시 굴뚝이 있어야 했다. 나무를 땐 연기가 구들장을 지나 방을 덥힌 후에 반드시 밖으로 빠져나가야 했기 때문이다. 그래서 이 굴뚝은 언제나 하늘로 향해 높게 세웠다. 연기가 하늘을 향해 높게 올라가야 했기 때문이다.

이처럼 부흥은 세상을 향해 열려 있어야 한다. 부흥이 세상으로 가는 길이 막히면 처음에는 성도들을 뜨겁게 하는 힘이 되지만 점차 그 힘을 잃고 교회에 문제를 일으키게 된다. 연기가 오히려 사람에게 해가 되듯이 말이다. 이 부흥은 굴뚝처럼 세상을 향해 활짝 열려야 한다. 세상을 향해 부흥이 흘러가게 될 때 부흥은 온전한 순환 구조를 완성하게 된다. 우리가 교회에 일어난 뜨거운 부흥을 다시 세상에 보내게 될 때 세상은 그 부흥을 받아 교회로 돌아오는 부흥의 순환 구조가 완성되게 될 것이다. 혹시 지금도 부흥이 우리 교회만의 일이라 생각하는가? 아니다. 부흥은 세상에 열려 있어야 한다. 세상에 흘려보낸 이 부흥은 반드시 큰 은혜의 역사로 돌아오게 될 것이다.

2부
부흥을 위한 제언

목회를 설계하라

"너희 중의 누가 망대를 세우고자 할진대 자기의 가진 것이 준공하기까지에 족할지 먼저 앉아 그 비용을 계산하지 아니하겠느냐 그렇게 아니하여 그 기초만 쌓고 능히 이루지 못하면 보는 자가 다 비웃어 이르되 이 사람이 공사를 시작하고 능히 이루지 못하였다 하리라"(눅 14:28-30).

하나님의 일은 구체적이고 정확한 설계가 필요하다. 교회와 성도의 크기에 상관없어 모든 주의 사역은 정확한 하나님의 설계 안에 시행되어야 한다.

예수님은 누구든지 자기 십자가를 지고 나를 따르지 않는 자도 능히 내 제자가 되지 못하리라(눅 14:27)고 말씀하신 후에 망대를 세우는 일로 구체적인 예를 드셨다. 왜 망대를 세우는 일이 예가 될 수 있을까? 망대를 세우려 한다면 반드시 물질과 노력, 즉 희생이 필요하게 되기 때문이다. 자신의 것을 포기하고 자신을 온전히 희생하지 않고서 주님의 제자가 될 수 없다.

주님의 뜻을 이루고, 주님의 제자를 세우는 부흥을 바라보는 우리에게 동일하게 적용된다. 주님이 보여 주시는 비전을 보고 그분의 계획에 따라 우리 전부를 드려야 한다. 그렇지 않고서는 주님의 일을 아무것도 이룰 수 없다.

주님을 따르려면, 주님의 뜻을 이루려면 우리 자신이라는 계산을 버려야 한다. 그리고 주님을 위한 구체적인 설계를 해야 한다. 이 설계는 오직 주께 있다. 우리는 기도 가운데 주님의 설계, 즉 비전을 보아야 한다. 그렇기 때문에 나는 우리 눈에 미래가 보여야 한다고 말한다. 우리 눈에 미래, 즉 하나님의 역사가 보이지 않으면 그 일을 멈춰야 하며, 보일 때까지 기도해야 한다. 나는 기도를 통해 비전을 보지 못하면 그 일을 진행하지 않는다. 반대로 기도를 통해 그 일의 비전을 보게 된다면 어떤 희생도 가리지 않는다. 왜냐하면 주님이 그 일을 분명히 이루게 하실 것이고, 우리는 그 일을 직접 볼 수 있게 되기 때문이다. 이것이 우리가 해야 할 설계와 준비다.

인원이 중요하지 않다. 장비도, 재정도, 환경도 중요하지 않다. 우리 눈에 모든 게 부족해 보여도 하나님이 그 일의 비전을 보여 주시면 그것으로 충분하다. 그 일은 분명 하나님이 명하시고 하나님의 뜻이 담긴 하나님의 일이기 때문이다. 하나님이 함께하실 때 불가능한 일은 없다. 이스라엘이 애굽에서 탈출하게 될 때 그 일이 사람의 힘으로 가능한 일이겠는가? 아무런 군사도 장비도 없던 천한 일만 하던 이스라엘 백성을 어떻게 그런 강대국에서 빼내 올 수 있겠는가? 그리고 아무것도 없는 광야에서 그 많은 백성들을 어떻게 먹이고 입히고 마시게 할 수 있겠는가? 하나님이시기 때문에 가능한 일이다. 하나님이 함께하시고 구름 기둥과 불 기둥으로 보호하시고 마른 땅, 바위에서 물이 샘솟게 하심으로 인도하셨던 것이다. 그들은 험한 환경에서도 옷이 해어지거나 발이 부르트지 않았다(느 9:21). 하루 이틀도 아니고 40년의 긴 세월 동안을 말이다. 우리는 오직 하나님께서 허락하신 비전에 최선을 다해야 한다. 하나님이 준비시키시고 계획하게 하신 일에 실패란 없기 때문이다.

최선을 다하라

"내가 그리스도와 그 부활의 권능과 그 고난에 참여함을 알고자 하여 그의 죽으심을 본받아 어떻게 해서든지 죽은 자 가운데서 부활에 이르려 하노니 내가 이미 얻었다 함도 아니요 온전히 이루었다 함도 아니라 오직 내가 그리스도 예수께 잡힌 바 된 그것을 잡으려고 달려가노라 형제들아 나는 아직 내가 잡은 줄로 여기지 아니하고 오직 한 일 즉 뒤에 있는 것은 잊어버리고 앞에 있는 것을 잡으려고 푯대를 향하여 그리스도 예수 안에서 하나님이 위에서 부르신 부름의 상을 위하여 달려가노라"(빌 3:10-14).

사도 바울은 누가 물어보아도 담대히 말하였다. 자신은 맡은 일을 위해 온전히 달려갔다고 말이다. 그의 눈은 오직 푯대, 즉 하나님이 위에서 부르신 부름의 상에 있었다. 목표만을 바라본 그였기에 좌절하지 않고 달릴 수 있었던 것이다. 우리가 사도 바울에게서 본받고자 하는 바도 바로 이러한 모습이다. 오직 주님만을 바라보며 최선을 다하는 삶, 그 모습이 너무 아름답다.

나는 사도 바울과 같은 삶을 사모한다. 나 역시 주님만을 바라보고 달려가기를 소망하기 때문이다. 우리가 주님께 사명을 받은 자라면 당연히 부르심의 상을 위해 최선을 다해 달려가야 한다. 그렇기 때문에 나는 목회자에게 맡겨진 무엇이든지 주님 앞에서 하는 것처럼 최선을 다해야 하고, 한 명 앞에서 설교를 할 때도 최선을 다해 말씀을 전하고 가르쳐야 한다고 말한다. 어떤 상황이든지 최선을 다해야 한다는 의미다. 나는 언제나 부교역자들에게 일을 마치면 묻는다. 정말 최선을 다했는가? 정말 목숨을 걸고 일했는가? 일을 마친 후 분하고 속상하고 억울하고 미안해서 통곡해 본적이 있는가? 우리는 바로 그렇게 일해야 한다. 내가 한 질문은 바로 최선을 다한 사람에게 나타나는 결과에 관한 것이다. 울어보지 않았다는 건 최선을 다하지 않았다는 의미가 된다. 최선을 다하고 나면 오히려 억울하고 분하고 속상하다. 가슴이 뜨겁게 타오르기 때문이다.

우리는 일을 마치고 나면 미안해서 울고 감사해서 운다. 대충한 사람은 결코 울지 않는다. 미안한 감정은 최선을 다한 자들이 가지는 감정이다. 더 열심히 해야 했는데 라는 마음이 들어 하나님께 죄송하고 또 속상한 마음이 들기 마련이다.

나는 내게 주어진 이 기회를 허비하고 싶지 않다. 분명 나중에 강단에 서지 못할 때가 올 것이다. 하지만 그때가 올 때 나는 후회하고 싶지 않다. 나는 하나님의 복음을 전하는 이 최상의 기회를 다른 것으로 날려보내고 싶지 않다. 그건 가장 어리석은 일이 될 것이기 때문이다.

나는 언제나 최선을 다하기를 원한다. 교회 운영에서도 마찬가지다. 나는 교회 헌금을 사용함에 있어서도 최선을 다하라고 말한다. 교회 헌금은 교인들의 피요, 생명이기 때문이다. 헌금을 다룰 때는 하나님을 두려워하는 마음으로 해야 한다. 그래서 나는 교회 모든 물품을 주님 것으로 생각하고 아껴야 한다고 생각한다. 우리는 하나님의 소유가 얼마나 무서운지 알아야 한다. 우리는 하나님의 소유된 바를 깨닫고 모든 걸 귀하고 소중히 여겨야 한다. 그리고 하나님의 소유된 바를 사용함에 있어서 감사해야 한다.

나는 언제나 두려운 마음으로 강단에 선다. 30년 이상을 목회자로 살고 있지만 아직도 내가 아마추어처럼 어설프다. 나는 아직도 부딪치고 아파하며 커가는 성장형이라 생각한다. 주님의 일에 최선을 다하고자 하지만 어느 순간 연약함에 넘어질 때가 많기 때문이다. 내 몸의 질병도 그 연약함에 한몫을 한다. 질병은 나를 고통의 시간에 묶어 놓고 주님의 일을 철저하게 방해한다. 때론 하나님께 연약함에 불평을 하기도 하지만 이 아픔 가운데 주시는 주님의 위로에 감사를 드리게 된다.

"내 은혜가 네게 족하도다 이는 내 능력이 약한 데서 온전하여짐이라"(고후 12:9).

그렇다. 주님이 나로 자만하지 않게 하시려고 주신 가시다. 내 입술은 온전히 주님을 향해 "주님이 참 좋습니다."라고 고백하게 된다. 나는 주님이 참 좋다. 그래서 주님의 뜻이 이루어지는 데 관심이 많다. 나의 제일 큰 소원을 묻는다면 그 역시도 주님의 뜻과 같이 교회가 부흥하는 것이라고 말할 것이다. 그리고 덧붙여 부족한 나를 통해서라도 주님의 뜻이 이루어질 수 있으면 참 좋겠다고 할 것이다.

나는 우리 성도들이 주님과 함께 살다가 모두 천국에 가는 꿈을 꾼다. 성도들의 모든 삶에 하늘이 열리는 삶을 살기를 바라기 때문이다. 그렇기 때문에 나는 연세 드신 성도들에게 더욱 주님을 사랑할 것을 강조한다. 비행기도 하늘로 날아갈 때 모든 힘을 쏟아 가속하는 것처럼 천국이 가까울수록 더욱 주님을 사랑하는 일에 최선을 다해야 한다. 나는 성도들을 천국의 삶을 살게 하고 영원한 천국으로 보내는 역장이 되고 싶다.

성령을 중심으로 하라

"그러므로 내가 너희에게 알리노니 하나님의 영으로 말하는 자는 누구든지 예수를 저주할 자라 하지 아니하고 또 성령으로 아니하고는 누구든지 예수를 주시라 할 수 없느니라"(고전 12:3).

우리는 성령을 통하지 않고 예수를 주라 시인할 수 없다. 사람들은 마음만 먹으면 쉽게 예수를 시인할 수 있을 거라 생각한다. 아니다. 성령이 역사하지 않으시면 우리의 마음이 움직이지 않는다. 입술도 옴짝달싹할 수 없다. 아무리 오랫동안 교회를 다녔다 하더라도 성령이 역사하지 않으시면 그 마음으로 동의하지도 예수를 주라 고백할 수도 없다. 아무리 예배 시간에 찬양이 흘러나오더라도 자신과 전혀 상관없는 음악일 뿐이다. 어쩌면 듣기 싫은 음악이 될 수도 있다. 예배 시간에 앉아 있는 것조차 고역일 수 있다. 하지만 성령이 그의 마음에서 역사하시게 될 때 예배의 찬양은 천상의 음악이 되고 주님을 향한 예배는 진정한 고백이 된다. 예배 시간에 흘러나오는 말씀은 귀한 양식이 된다. 이 모두가 성령의 역사이다.

예수님의 제자들을 보라. 그들은 3년간 예수님을 따랐고 매일 그 말씀을 듣고 익혔지만 욕심을 버리지 못했으며, 자신들의 목숨이 위협받게 되자 생명이신 예수님을 버리고 도망가고 말았다. 그들은 단순한 종교인일 뿐이었다. 그들에게서 어떤 소망을 찾을 수 있을까? 그들은 본능대로 살아가며 오직 귀에 좋은 말씀을 듣고자 했던 것이다. 어쩌면 후에 있을 왕국에서 좋은 자리를 탐내고 있었는지도 모른다. 그들 사이에서의 다툼 역시 자리에 관한 것이었다. 그들은 이전부터 예수님이 계속 말씀하셨던 예수님의 부활에 대해서도 믿지 못했다. 예수님이 십자가에 달려 돌아가시자 그들은 곧 실망하여 사명을 모두 버려 버렸다. 이런 제자들이 과연 인정받을 수 있겠는가? 하지만 그들은 변했다. 어느 순간 믿음의 용사요 증인으로 변했던 것이다. 이들은 담대히 그들을 핍박하는 서기관과 바리새인과 제사장들에

맞서며 복음의 말씀을 전했다. 그들은 핍박도 심지어 죽음도 두려워하지 않았다. 자신의 생명을 바쳐 주님을 높이기를 원했다. 무엇이 이들을 세상에서 승리할 수 있는 믿음의 증인, 참된 제자가 될 수 있게 하였을까? 무엇이 이들로 부흥의 불씨가 될 수 있게 하였을까?

그것은 바로 성령이다. 예수님의 말씀대로 하나님께서 약속하신 성령을 기다리며 기도하던 그들은 마침내 오순절에 강력한 성령의 임하심을 체험하게 되었다. 성령은 그들이 들을 수 있고 볼 수 있는 강력함으로 임하셨고, 그들로 방언을 말하며 담대하게 주의 복음을 외칠 수 있게 하였다. 성령으로 인해 그들은 용사로 거듭나게 된 것이다. 이 성령은 오늘날 우리에게도 동일하게 역사하신다. 제자들이 성령을 체험한 이후 삶이 변화되었듯이, 그들이 은혜의 삶을 살게 되었듯이 오늘 우리도 성령충만 가운데 동일하게 강력한 은혜의 삶을 살게 하신다.

제자들은 성령의 은혜 가운데 믿는 자의 수가 늘어나게 되었고, 그들은 모두 가르침을 받아 서로 교제하며 떡을 떼고 오로지 기도에 힘쓰게 되었다. 그들을 지켜본 사람들은 성령으로 변한 그들을 두려워하게 되었다. 성령충만한 그들 가운데 하나님은 이적과 표적을 주심으로 주를 찬미함이 주위에 가득하게 하셨다(행 2:1-47).

그렇기 때문에 부흥을 소망하고 있는 우리는 가장 우선적으로 성령 충만함 가운데 성령을 중심으로 일할 수 있도록 보여 주고 가르치고 열심으로 사역해야 한다. 교인들이 성령으로 충만할 때만이 교회는 주님의 뜻대로 부흥하며 그 부흥을 전할 수 있게 될 것이다.

밥이 되라

"네 하나님 여호와께서 이 사십 년 동안에 네게 광야 길을 걷게 하신 것을 기억하라 이는 너를 낮추시며 너를 시험하사 네 마음이 어떠한지 그 명령을 지키는지 지키지 않는지 알려 하심이라 너를 낮추시며 너를 주리게 하시며 또 너도 알지 못하며 네 조상들도 알지 못하던 만나를 네게 먹이신 것은 사람이 떡으로만 사는 것이 아니요 여호와의 입에서 나오는 모든 말씀으로 사는 줄을 네가 알게 하려 하심이니라"(신 8:2-3).

하나님께서 이스라엘을 광야에서 40년을 지내게 한 이유는 그들에게 하늘의 떡인 만나를 먹이기 위함이었다. 하나님은 하늘의 떡을 먹이기 위해 그들을 광야로 이끄셨다. 그들이 광야에 있지 않았다면 그들은 하늘의 떡을 먹을 기회가 없었을 것이다. 하나님이 먹이셨던 이 떡은 하나님의 말씀으로 살도록 훈련시키기 위한 것이었다.

우리가 세상에서 주의 백성, 주의 제자로 살아가기 위해서는 광야에 있었던 이스라엘 백성들과 같이 하늘의 양식인 이 떡이 필요하다. 이 말씀으로 영양을 공급받아야만 주의 일을 감당할 수 있기 때문이다. 주님이 주시는 이 양식, 이 밥은 영적 생활에 필수이다. 우리 육신이 밥을 통해 영양 공급을 받아야 함과 동일하다. 이처럼 주님께 부름 받은 사람들은 주님이 주시는 영적인 밥을 먹어야 한다. 주님이 주시는 이 영적인 양식, 밥을 먹기 위해서 우리는 입을 크게 벌려야 한다. 입을 굳게 다물고 있으면 아무리 영양이 많은 주님의 양식이라 하더라도 우리 입에 들어올 수 없기 때문이다. 우리는 어떻게 하면 우리 입을 크게 벌려 주님의 양식을 먹을 수 있을까?

조개를 예로 들어보자. 조개를 먹기 위해서는 조개 입을 벌리도록 해야 한다. 껍질 안에 있는 알맹이를 섭취해야만 하기 때문이다. 그렇다면 어떻게 해야 조개 입을 벌리게 할 수 있을까? 그 방법은 간단하다. 밑에서 불을 때면 된다. 물론 죽은 조개는 입을 열지 않는다. 하지만 살아 있다면 이야기가 다르다. 솥에 물과 조개를 넣고 그 밑에 불을 때게 되면 자연스럽게 입을 벌리게 된다. 성령의 충만함과 하나님의 은혜가 임하면 우리의 입은 하나님의 떡을 먹을 준비가 된다. 그리고 이 떡을 먹은 우리 또한 세상에서 생명의 떡이 된다. 우리가 성령의 불로 조개처럼 익어 입이 벌어지게 되면 우리는 사람들에게 양식이 된다. 다른 사람들에게 우리가 양식, 즉 생명이 된다는 것이다. 우리가 생명을 전하기 위해서는 성령의 불을 거쳐야 한다. 성령의 불을 거치지 못하면 우리는 죽은 조개처럼 다른 사람들에게 아무 유익도 줄 수 없다.

양식의 원리는 동일하다. 밥도 그렇다. 밥을 짓기 위해서는 어떻게 해야 하는가? 가마솥을 예로 들어 보자. 먼저 솥에 쌀과 적절한 물을 넣어야 한다. 이것으로 준비가 완료되었지만 이 자체로 밥을 먹을 수 있을까? 아니다. 아직은 쌀 그 자체이기에 우리는 먹을 수 없다. 쌀이 밥이 되어야 한다. 이 쌀이 밥이 되기 위해서는 솥에 불을 때야 한다. 그렇지 않으면 물이 끓지 않고 쌀도 익지 않는다. 가장 중요한 것은 불이다. 불을 때야 한다. 이 불이 바로 성령이다. 성령의 불을 때서 물을 끓게 해야 한다. 솥 안의 쌀은 뜨거운 불로 물이 펄펄 끓을 때 강력하게 휘몰아치는 뜨거운 물로 인해 험한 시련을 겪게 된다. 그러면서 뜨거운 에너지가 쌀알 속으로 들어가게 된다. 그 후에 쌀알은

익어 그제야 모두가 먹을 수 있는 밥, 양식이 된다.

　이처럼 우리가 주님의 양식, 밥을 먹기 위해서 성령으로 인해 입을 크게 벌려야 한다. 반대로 우리가 세상의 밥이 되기 위해서도 성령으로 끓어 익어야 한다. 그럴 때만이 우리가 세상을 위한 밥이 될 수 있다. 우리가 성령의 불에 달궈질 때만이 으깨도 될 정도로 겸손하고 온유한 자가 되어 생명을 살리는 양식이 될 수 있게 된다. 우리는 떼굴떼굴 굴러다니는 쌀알로 남아서는 안 된다. 반드시 성령을 거쳐야 한다. 성령이 함께하시지 않으면 우리는 주님의 양식도 먹지 못하고 주님을 위해 세상을 향한 양식도 되지 못할 것이다.

주님을 기대하라

"그러므로 내일 일을 위하여 염려하지 말라 내일 일은 내일이 염려할 것이요 한 날의 괴로움은 그 날로 족하니라"(마 6:34).

우리는 성령을 통해 예수님을 볼 수 있게 된다. 우리가 예수님을 보고 예수님이 누구이신지 알게 될 때 미래가 열리게 된다. 내일의 주인이신 예수님은 우리에게 내일 일을 염려하지 말라고 하셨다. 우리가 주님의 것이 된 이후 주님은 우리의 미래를 책임지신다. 우리가 내일의 주인이신 주님께 우리 삶을 맡기게 될 때 오늘의 염려와 슬픔은 내일의 기쁨으로 바뀌게 된다. 내일의 주인이신 주님께서 우리를 책임지시기 때문이다.

내일은 오늘과 다르기를 원하는가? 내일은 염려가 아닌 기쁨의 날이 되기를 소망하는가? 우리의 미래가 변하기를 소망하는가? 그렇다면 내일의 주인이신 주님을 바라보아야 한다. 우리는 비록 매일 넘어지고 실패할 수 있지만 주님은 주님 안에 있는 우리를 다시 기쁨으로 인도하실 것이다.

성령은 부족한 우리가 주님을 바라볼 수 있도록 도우신다. 주님의 뜻을 깨달아 미래를 소망할 수 있게 하기 위함이다. 우리가 주님을 알고 기대하고 사랑하게 될 때 오늘의 염려는 사라지게 된다. 온 세상의 주인이신 주님이 우리를 돌보시니 무엇이 두려울까! 사랑하는 자녀를 바라보시는 주님의 따뜻한 미소가 떠오른다. 주님은 고통 가운데 있는 우리를 약속의 생명 길로 인도하실 것이다.

그렇기 때문에 우리는 교인들에게 온전히 주님을 기대할 수 있도록 가르쳐야 한다. 우리의 현실이 비록 어둡고 막막할지라도 주님을 바라보게 될 때 새로운 미래를 꿈꿀 수 있게 된다. 하나님은 지금도 살아 계시고 역사하신다. 성경의 말씀은 구태의연한 옛 교훈이 아니다. 지금도 분명한 증거로 말씀해 주신다. 그렇기 때문에 부흥을 소망하는 우리는 교인의 삶이 언제나 주님으로 인해 내일의 소망을 가질 수 있도록 격려하며 성령으로 인해 강력한 확신을 가질 수 있도록 믿음생활을 도와야 한다.

　우리가 주님을 우리의 미래로 여기며 내일을 온전히 맡길 수 있을 때 우리는 주님께 무엇을 드려도 아깝지 않게 된다. 오직 무엇으로 주님을 기쁘게 할까라는 은혜의 마음으로 바뀌게 된다. 우리가 이렇듯 온전히 내일을 주님께 드릴 때 주님은 우리의 내일을 기쁨이 넘치는 희망으로 바꾸시게 될 것이다. 우리 교회가 이처럼 간증이 넘치게 될 때 교인들은 주님의 제자로서 새로운 미래를 열고 그 길을 따라 증인의 삶을 살게 될 것이다.

세상으로 나아가라

"이 말씀을 마치시고 그들이 보는데 올려져 가시니 구름이 그를 가리어 보이지 않게 하더라 올라가실 때에 제자들이 자세히 하늘을 쳐다보고 있는데 흰 옷 입은 두 사람이 그들 곁에 서서 이르되 갈릴리 사람들아 어찌하여 서서 하늘을 쳐다보느냐 너희 가운데서 하늘로 올려지신 이 예수는 하늘로 가심을 본 그대로 오시리라 하였느니라"(행 1:9-11).

예수님께서 하늘로 승천하실 때 수많은 제자들이 그 광경을 바라보고 있었다. 천천히 하늘로 올려져 가시는 예수님, 그 광경을 어찌 안 볼 수 있을까! 당연히 감탄과 감사로 바라보고 있었을 것이다. 분명 우리가 알던 예수님은 부활하셨고 이제 하나님 우편에 계시기 위해 올라가셨다. 이때 예상치 못했던 일이 일어났다. 바로 흰 옷 입은 두 사람이 제자들 곁에 서서 말하기 시작하였던 것이다. 그 말은 충격적이었다. "갈릴리 사람들아 어찌하여 서서 하늘을 쳐다보느냐!" 하늘로 올라가신 예수님을 바라보는 게 당연하지 이게 무슨 말이냐고 항변할지 모른다. 하지만 이 말에는 깊은 뜻이 담겨 있다. 더는 하늘을 바라보며 이곳에 머물지 말라는 의미이다. 만일 이 흰 옷 입은 두 사람이 말리지 않았다면 어쩌면 그들은 그곳에 성막이나 기념 건물을 짓고, 매일 그 장소에 머물며, 기도하자 하고 다시 오실 예수님을 기다리는 데 모든 시간을 사용했을지도 모른다. 바로 이 점 때문에 제자들에게 강력히 경고한 것이다. 분명 예수님은 하늘로 가심을 본 그대로 다시 오실 것이지만 제자들은 그곳에 머물러서는 안 된다. 주님의 말씀대로 성령을 기다리며 기도하고 성령을 받은 후에는 다시 세상을 향해 나아가야 했다.

　우리도 교회에서 성령을 통해 충만한 은혜를 받고 나서 매일 교회에 머물러서 교제를 나누려 해서는 안 된다. 현재 가장 기쁜 공간에 안주하려는 마음을 배격해야 한다. 우리가 해야 할 일은 은혜를 받았으면 세상으로 나아가야 한다는 것이다. 기뻤던 추억, 즐거웠던 모습, 은혜스러운 모임에 더는 만족해서는 안 된다. 이제 성령을 따라 거칠고 험한 세상으로 나가야 한다. 이웃에게 복음으로 다가가고 그들과 어울려 주님의 사랑을 전해야 한다. 그들로 세례를 받아 주님의 제자가 되게 해야 한다. 이것이 우리가 주님께 받은 사명에 부응하는 사람으로서 당연히 감당해야 하는 일이다.

이것은 앞에서 계속 예를 들었던 밥의 원리와도 같다. 우리가 성령으로 밥이 되었으면 지금까지 우리를 보호하고 따뜻하게 했던 밥통에서 나와야 한다. 그리고 세상에 나가 생명의 밥을 나눠 줘야 한다. 이것이 바로 우리의 사명이다. 성령으로 밥이 된 우리가 세상에 나갈 때 진정 생명을 주는 자가 된다. 세상 사람들은 우리를 보며 예수님을 알고 구원을 얻게 될 것이다.

주님의 말씀을 믿고 일어나자. 주를 믿고 따를 때 주님의 영광이 우리에게 임하고, 주님의 자녀들이 돌아오는 부흥이 일어나게 될 것이다.

종교인을 만들지 마라

"너희는 나를 불러 주여 주여 하면서도 어찌하여 내가 말하는 것을 행하지 아니하느냐 내게 나아와 내 말을 듣고 행하는 자마다 누구와 같은 것을 너희에게 보이리라"(눅 6:46-47).

종교인이란 단순히 종교를 가진 사람을 가리킨다. 하지만 종교인이라고 지적하게 되면 그것은 단순히 종교란 형식과 전통과 제도에 매여 사는 사람을 의미한다. 마귀는 우리에게 "교회를 다니는 걸 반대하지는 않으니 다만 자신의 유익과 필요를 거절하지 말고 다른 사람들이 인정하는 멋진 모습으로만 남으라"고 속삭인다. 이 모습은 뜨겁지도 차갑지도 않은 미지근한 종교인의 현실을 반영한다. 기독교를 반대하지 않고 참여는 하되 그 은혜에 깊이 들어가지 않는다. 성령을 말하지만 그 성령의 은혜를 체험하고 그 은혜 안에 사는 것을 원하지 않는다. 주님을 좋아하지만 나의 삶이 더욱 중요한 사람들이다. 그래서 자기의 삶에 방해가 되는 어떤 활동은 모두 거절한다.

예수님은 이들을 꼬집어 구체적으로 말씀하셨다. 그들은 예수님을 주여 주여라고 부르지만 그의 말씀을 행하지 않는다. 이들은 주님과 상관없는 자들이다. 우리가 진정 주의 뜻을 따르는 부흥으로 교인들을 인도하기를 원한다면 결코 교인을 종교인으로 만들어서는 안 된다.

사실 교회에서 종교인을 만들기는 너무 쉽다. 그들에게 매주 예배에 출석하고 일정한 헌금만 내게 하고 그들을 더 이상 간섭하지 않으면 된다. 예배를 더 드리라고, 찬양을 하라고, 기도를 하라고 더 섬기고 전도하라고 요구하지도 않는다. 그냥 출석하여 기본적인 것을 행하는 것으로 만족한다. 하지만 과연 주님께서 기뻐하는 일일까? 혹시 주님께 외면을 당하지 않을까? 우리는 말로만 고백하는 교인을 만들어서는 안 된다. 그렇게 된다면 분명 마지막날 주님께 책망을 듣게 될 것이다.

나는 숫자에 연연하지 않는다. 오직 주님이 명하신 대로 주님을 사랑한다고 고백하는 신실한 제자들을 양육하는 데 마음 쏟기를 원한다. 나는 교인들에게 교회를 섬긴 7년째부터 부흥의 원년을 삼겠다고 선언했었다. 주님의 뜻을 이루는 중요한 시점을 교회와 교인들이 함께 공유하기를 원했기 때문이다. 하지만 나의 선언은 바로 큰 위기로 다가왔다. 부흥의 해가 코로나 발생 때와 겹쳤기 때문이다. 당시 30%의 성도가 온라인 교인이 되고 70%만이 남게 되었다. 코로나 기간에 어떠한 상황에도 교회에 예배가 멈추지 않았다. 영상으로 예배를 드려야 할 때면 제한된 인원만 참여하도록 여러 번에 나누어 교회에서 영상으로 드렸다. 우리는 목숨을 걸듯이 예배를 드렸고 교회에 왔다. 그러면서 나는 농담처럼 성도들에게 "이제 우리는 전우가 되었다"라고 말했다. 전우가 무엇인가? 목숨을 걸고 싸움을 함께한 동료 군인을 가리키는 용어가 아닌가? 우리 역시 코로나라는 엄청난 적과 부딪혀 싸웠다. 우리는 포기하지 않았고, 물러서지 않았다. 목숨을 걸고 교회에 나와 전우가 된 것이다. 이제 각자의 등을 맡겨도 될 만큼 신뢰가 쌓였고 새로운 비전을 향해 나아가는 추진력이 생겼다.

　나는 이러한 우리의 시련으로 우리 교회의 교인들은 더 이상 종교인이 아니라 주님의 제자로서 부흥의 초석이 되었다고 믿는다. 이제 앞서 선포한 대로 우리는 정녕 부흥의 원년이 되어 이제부터 시련을 함께 싸워 이긴 전우로서 주님의 교회를 부흥시킬 것이다.

고난의 바람을 타라

"고난 당한 것이 내게 유익이라 이로 말미암아 내가 주의 율례들을 배우게 되었나이다"(시 119:71).

고난은 바람과 같다. 모두를 넘어뜨리고 멀리 날려 버리기 때문이다. 또한 모두를 앞으로 나아가지 못하게 한다. 고난의 시련을 당하게 되면 사람들은 그 자리에 주저앉거나 쉽게 절망하여 앞으로 나아가기를 포기하게 된다. 우리가 고난의 바람을 무섭다고 피해 새로운 시도를 전혀 하지 않고 안전한 곳에만 있으려 한다면 주님을 위해 전혀 아무 일도 하지 못하게 될 것이다.

다윗을 기억하는가? 다윗의 인생은 고난의 연속이라 말할 수 있다. 그와 고난을 따로 떼어 말할 수 없다. 그는 집 안에서도 존귀하게 여김을 받지 못했고 막내로서 늘 천한 일을 도맡아서 해야 했다. 심지어 사무엘이 왕을 세우기 위해 방문했을 때도 다윗은 그 자리에 있지도 못하였었다. 하지만 하나님은 그를 택하셨고 기름을 붓게 하셨다. 그럼에도 그는 계속해서 양떼를 돌보는 힘한 일을 담당해야 했고, 형들의 시기를 한 몸에 받아야 했다. 사울 왕에게 발탁이 되었을 때도 어떠했는가? 그는 하프를 연주하는 작은 일을 감당해야만 했다. 후에 골리앗과의 거대 싸움에서 이긴 후에야 비로소 인정을 받게 되었지만 그때부터 사울 왕의 손길을 피해 도망 다녀야 했다. 그가 이 고난에 굴복했는가? 아니다. 그는 이 고난의 바람을 타고 주님의 일을 할 수 있는 더 큰 사람으로 성장할 수 있었다.

우리도 고난의 바람을 두려워해서는 안 된다. 바람은 강력한 파괴력으로 우리의 모든 것을 부술 수 있지만 이는 오히려 우리를 더 멀리까지 옮겨 주는 큰 도움이 되기도 한다. 우리 그리스도인들에게 고난의 바람은 이처럼 주님이 주시는 은혜임을 잊어서는 안 된다.

연 날리기를 생각해 보자. 연은 바람이 없다면 하늘에 날리는 것이 불가능하게 된다. 연이 하늘 높이 오르기 위해서는 더 큰 바람이 있어야 한다. 만일 연이 더욱 크다면 그에 비례해서 바람은 더 커야 한다. 만약 크기가 집체 만하다면 집을 날릴 만한 거센 바람이 필요하게 된다. 돌도 날리고 사람도 날리는 그런 바람이 불어야만 하늘 높이 날릴 수 있다.

우리가 지금 겪고 있는 시련은 큰 고난의 바람이다. 사람도 나무도 바위도 날릴 정도로 거대하다. 이에 반해 우리가 하늘에 날려야 하는 연은 주님이 주신 것으로 약한 바람으로는 하늘에 띄울 수 없는 거대한 연이다. 청명한 날씨를 기대하지 마라. 그렇다면 우리는 주님의 일을 감당할 수 없게 된다. 큰 바람이 불어야 한다. 지금 부는 이 고난의 바람은 주님이 우리에게 주시는 부흥의 은혜이다.

고여 있는 물은 노래하지 않는다. 흐르고 움직여야 맑고 밝은 노래를 부르게 된다. 그리고 그 노랫소리가 더 커지려면 높고 그 흐르는 길이 거칠어야 한다. 돌도 있고 좌우로 구부러지는 길도 있어야 한다. 평평한 길은 아무 소리도 내지 못한다. 거칠게 파인 구불구불한 길, 즉 고난의 길만이 노래를 부르게 한다. 만일 우리가 주님의 노래를 부르고자 한다면 고난을 인정해야 한다. 고난의 큰 바람이 우리를 높이 날리듯, 고난은 우리가 삶 속에서 주님을 찬양하게 한다. 고난을 두려워하지 마라. 고난은 우리로 주님의 일을 할 수 있도록 돕는 날개와 같고, 삭막한 길에서 노래하게 하는 은혜가 된다.

나는 분명 이 거센 고난의 바람이 성령의 바람이 되어 모두의 마음을 흔들어 줄 것을 확신한다. 그리고 이 고난을 이기고 나면 교회에 폭발적인 부흥의 은혜가 올 것이라고 확신한다. 고난을 두려워하지 말고 주 안에서 이 고난을 즐겨라!

잠잠히 기다리라

"여호와 앞에 잠잠하고 참고 기다리라"(시 37:7).

모세가 이스라엘 백성들을 이끌고 애굽에서 나온 후 첫 번째 큰 위기를 맞이하게 되었다. 이스라엘 백성들을 풀어주게 된 애굽의 왕 바로가 크게 분노하여 나라에서 가장 강력한 전차를 이끌고 이스라엘 백성들을 죽이기 위해 쫓아가고 있었기 때문이다. 하지만 바로 앞에 바다가 있어 그들은 더 이상 도망갈 수 없게 되었다. 바로 죽음에 직면하고 있었던 것이다(출 14장). 당황한 이스라엘 백성들은 노예로 지냈던 오랜 습성이 나오기 시작했다. 광야에서 죽느니 다시 애굽 사람들을 섬기겠다는 것이었다. 두려움에 떨며 모세에게 나아와 그들의 불안과 불평을 말하였다. 분명 하나님이 애굽에서 행하셨던 엄청난 이적을 보았을 텐데 왜 그들은 애굽 왕의 추적을 그렇게 두려워했을까? 바로 직전에 역사하셨던 하나님의 은혜를 어떻게 그렇게 금방 잊어버릴 수 있었을까?

그렇다. 그들의 이러한 모습은 하나님을 믿는 믿음으로 인내하지 못하고 상황만을 바라보는 자신들의 깊은 본성에 의지하였기 때문이었다. 아무리 거대한 하나님의 이적을 보았다 하더라도 인내하지 못하고 자신의 본성에 의지하게 된다면 애굽 왕의 추적에 떨며 모세에게 항의하였던 어리석은 이스라엘 백성의 모습을 갖게 된다. 그들을 애굽 땅에서 구하신 하나님은 능히 이스라엘 백성들을 구하시고 애굽 왕의 모든 군대를 한 번에 없애실 것이다. 그들은 다만 인내하며 잠잠히 역사하실 하나님을 바라보며 기다리기만 하면 되었다.

이스라엘 백성들을 보며 우리가 얻을 수 있는 교훈은 눈으로 보는 현상이 다가 아니라는 사실이다. 우리가 눈에 보이는 대로 바로 반응하고 인내하지 못하여 본성대로 분노하고 조급하게 여기면 주님이 역사하실 기회를 잃어버리게 된다.

우리 주변의 나무를 바라보라! 겨울에 나무의 모습이 어떠한가? 죽은 것 같아 보이지 않는가? 잎이 말라 다 떨어지고 생기

있는 푸른 모습은 온데간데없다. 그렇다고 나무가 죽었다고 할 수 있을까? 이런 모습이라고 나무를 뽑아 버리는가? 아니다. 추운 겨울은 나무가 인내하는 계절이다. 겨울이 나무의 죽음이 아니다. 긴 겨울이 지나면 다시 파릇한 봄이 찾아올 것이다. 그 때 나무는 다시 무성한 잎을 뽐내며 향기로운 꽃과 열매를 우리에게 제공할 것이다.

이처럼 우리는 현실이 당장 어려워졌다고 절망해서는 안 된다. 우리의 상황은 나무와 같이 긴 겨울을 지나고 있는 것이다. 주님을 바라보고 인내하게 될 때 언젠가 잎이 나고 꽃이 피는 생명의 계절이 오게 될 것이다. 나무는 겨울이 아무리 혹독하고 매섭더라도 포기하지 않는다. 우리도 눈앞의 혹독한 현실에 절망해서는 안 된다. 우리에게는 하나님이 계신다. 하나님은 우리를 성장시키기 위해 그리고 더 큰 이적을 보여 주시기 위해 우리를 잠잠히 시키시며 인내하도록 인도하신다.

겨울에 나무는 절망하지 않는다. 나무는 미래를 바라보며 인내한다. 혹독한 겨울 한 가운데 있더라도 나무는 분명 이렇게 말할 것이다. "몇 달만 지나면 다시 꽃이 필 계절이 돌아옵니다."

우리는 부흥을 바라보는 교인들에게 현실에 절망하지 않도록 가르치며 주님이 함께하시고 역사하실 날을 바라보며 잠잠히 인내하도록 해야 할 것이다. 나무의 예를 가르치며 봄을 바라보도록 인내를 가르쳐야 한다. 분명 이 길고 혹독한 겨울이 지나면 봄이 올 것이다. 혹독하지만 이 고난의 영적인 구조 조정 후 교회는 다시 봄처럼 일어설 것이다. 하나님의 백성들은 혹독한 영적 조정이 끝난 후 다시 살아 있는 교회로 몰려와 영적 전쟁을 위해 준비할 것이다. 주님은 기드온의 300 용사들처럼 주님의 일을 감당할 수 있는 사람을 준비시키실 것이다. 그리고 성령으로 뜨거운 자를 모아 부흥의 꽃을 피울 것이다.

혹독한 겨울이라고 절망하거나 실망하지 마라. 혹독한 겨울, 냉혹한 시련을 겪고 있는 지금 우리는 봄을 바라보며 준비해야 한다. 주님은 인내하며 주님만을 바라보는 자를 사용하실 것이다.

사람이 남아야 한다

"그의 영광의 풍성함을 따라 그의 성령으로 말미암아 너희 속사람을 능력으로 강건하게 하시오며 믿음으로 말미암아 그리스도께서 너희 마음에 계시게 하시옵고 너희가 사랑 가운데서 뿌리가 박히고 터가 굳어져서 능히 모든 성도와 함께 지식에 넘치는 그리스도의 사랑을 알고 그 너비와 길이와 높이와 깊이가 어떠함을 깨달아 하나님의 모든 충만하신 것으로 너희에게 충만하게 하시기를 구하노라"(엡 3:16-19).

사도 바울의 기도는 오직 그가 세우기를 원하는 그리스도인들을 향해 있었다. 그는 어떤 일의 성취를 최종 목적으로 삼지 않았다. 다만 그가 기도하는 성도들이 주 안에서 굳건해지며 주님의 사랑을 깨달아 그 안에서 풍성해지기를 원하였던 것이다. 우리가 사도 바울의 기도를 통해 깨달을 수 있는 사실은 그는 일이 아닌 사람에게 관심이 있었다는 것이다.

우리는 부족한 자들이기에 우리가 수행하는 일이 완전하게 될 수 없다. 때론 실수도 하고 실패하기도 한다. 만일 우리가 일의 결과에만 최종 목적을 갖게 되면 우리는 우리 주위에 있는 사람들에게 상처를 주는 사람이 될 수도 있다. 일에 방해가 되거나 일의 진척이 늦을 때 매섭게 몰아칠 것이기 때문이다. 하지만 우리가 깨달아야 할 사실은 주님은 일이 아니라 사람에게 관심을 갖고 계시다는 사실이다. 우리 눈에 일이 허술하게 진행될 수 있다. 어떻게 이런 수준으로 계획하고 실행하는지 의문을 갖게 될 수도 있다. 하지만 하나님은 그 부족한 사람들을 통해 완전하게 마무리하신다. 우리 눈에 볼 때 부족하고 실수투성이일지 몰라도 그 허술한 우리의 솜씨를 통해 주님은 완전으로 마무리하신다. 우리는 다만 주님의 솜씨에 감탄하며 놀라운 인도하심과 빈틈없으신 완전하심에 경탄할 뿐이다.

그렇기 때문에 우리는 주님의 일을 할 때에 일이 아닌 '사람 중심'으로 생각해야 한다. 다시 말해 주님의 일을 하고 나면 반드시 '사람이 남아야 한다'는 것이다. 하나님의 뜻을 붙들고 건축을 하게 될 때 건물이 남아서는 안 된다. 세상적으로 볼 때는 건물만이 남는다. 하지만 우리가 주님의 뜻을 시행하기를 원하며 그 뜻대로 부흥하기를 원한다면 반드시 사람이 남아야 한다.

나는 교회 건축에서도 이 신념이 그대로 반영되기를 원했다. 교인들이 단순히 헌금을 하고 건축 업자들이 아름답게 건축하는 것으로 마무리되기를 원치 않았다. 그렇게 되면 교회 건축이 결과가 되기 때문이다. 나는 교회의 건축에서도 그 결과가 사람에게 나타나기를 원했다. 그래서 나는 교회건축을 모두 건축 시공사에게 맡기지 않았다. 각층의 기본적인 틀은 우리들이 할 수 없는 일이라 시공사가 해야 했지만 인테리어 등 나머지 세밀한 작업은 모두 우리 손으로 하자고 하였다. 우리가 부족하더라도 우리가 직접 건축에 참여하여 주님의 교회가 우리의 교회가 되고, 나의 교회가 되게 하고 싶었다. 우리의 교회, 나의 교회가 되려면 우리의 헌신과 땀이 있어야 한다고 믿었다.

목회를 시작하고 처음으로 교회를 건축할 때 정말 힘들었다. 무거운 시멘트를 직접 날랐고 생전 처음 본 건축 자재 다루는 법을 배우고 익혀야 했기 때문이다. 시멘트를 모래에 섞고 적절한 물을 넣어 벽에 바르는 일은 어찌 보면 쉬운 일이라 하겠지만 비전문가인 우리에겐 너무 힘든 일이었다. 아무것도 모르는 상태에서 벽 길이를 재고 자재를 고르고 붙이고 나르고… 모든 일이 고되었다. 일을 하다가 손이 거칠어 지는 것은 다반사요, 상하여 찢기기까지 하였다. 저녁 늦게까지 먼지가 흠뻑 묻은 지친 모습으로 터덜거리며 집에 들어가야 할 때가 거의 대부분이었다. 매일 몸살에 시달렸고, 너무 아파 진통제를 사 먹어야 했다.

건축을 마치고 성전을 봉헌하는 날 한 장로님의 모습이 지금도 눈에 선하다. 장로님은 교회 벽돌을 붙들고 눈물을 흘리고 계셨다. 장로님이 어떤 심정으로 울고 계셨는지 나는 알 수 있었다. 모두 헌신으로 지어진 우리의 교회였고 나의 교회였기 때문이다. 건축을 마치고 난 후 교회 건물과 함께 은혜로 충만한 교인들이 남았다. 가장 많은 이익을 남긴 건축이었다.

사람이 남아야 한다. 결과로 건물을 남기려 하면 오히려 은혜가 사라지게 된다. 어떤 일을 하건 그 일을 통해 은혜 받은 사람이 남아야 한다. 결과에 집중해서 다그치다 보면 모든 은혜가 사라지게 된다. 심지어 주님도 사라지게 된다.

대가를 지불하게 하라

"이에 예수께서 제자들에게 이르시되 누구든지 나를 따라오려거든 자기를 부인하고 자기 십자가를 지고 나를 따를 것이니라 누구든지 제 목숨을 구원하고자 하면 잃을 것이요 누구든지 나를 위하여 제 목숨을 잃으면 찾으리라"(마 16:24-25).

예수님은 대가의 지불을 제자의 기준으로 삼으셨다. 예수님을 따르기 위해서는 자기를 부인하고 자기 십자가를 지고 예수님을 따르는 대가를 지불해야 했다. 자기부인은 주님을 위해서 자신의 모든 것을 포기한다는 것이며, 자기 십자가를 진다는 건 자기 몸과 생명을 드려 주님의 뜻을 이루어드리는 것을 의미한다. 예수님을 따르고자 한다면 그 대가로서 오직 주님의 뜻을 따르고 나의 가장 귀한 것을 포기해야 한다. 대가를 지불하지 않고 오직 자신의 목숨과 유익만을 구한다면 결코 주님을 따를 수 없다.

당시 예수님은 엄청난 인기를 끌고 있었다. 그 이적을 본 자들은 예수님을 왕으로 삼고자 했을 정도였다. 하지만 예수님은 그들을 제자라고 말하지 않으셨다. 그들은 자기를 부인하지 않았을뿐더러 자기 십자가를 지고 예수님을 따르지 않았기 때문이다. 그들은 예수님을 위한 대가를 지불하지 않고 오직 자신의 안위와 목숨을 구하고 있었다.

오늘날 교회는 성도에게 주님을 따르기 위해서 대가가 필요하다고 가르치는가? 혹시 세상 사람들의 기준을 따르고 있지는 않는가? 현대 교회는 예배도 찬양도 말씀도 사람들이 좋아하는 방식으로 바꾸고 있다. 현대인들이 지루한 것을 싫어한다는 이유로 예배도 짧은 형식으로 바꾸고 예배도 시각적인 효과를 높여 고급스럽게 한다. 찬양도 화려한 전문 연주가들, 전문 가수들을 섭외하여 누구나 반할 만한 무대를 만든다. 말씀도 현학적이고 아름다운 미사여구로 꾸민 말로 구성하여 누구나 듣고 싶어할 정도로 만든다. 그 길이도 지루하지 않게 짧게 한다. 예배에 헌신과 하나님을 향한 마음보다 사람을 먼저 생각하는 인간적인 요소가 더 중요하게 되었다. 이러한 이유는 사람들이 좋아하는 교회가 되는 것이 부흥이라고 여기기 때문이다.

하지만 진정 부흥의 의미가 주님의 뜻을 행하는 것임을 깨닫게 된다면 우리는 이러한 노력들이 결국 허무하고 헛된 일임을 알게 될 것이다. 수많은 사람이 모이고 수많은 헌금이 모이면 주님이 기뻐하실까? 주님이 부흥했다고 칭찬해 주실까? 아니다. 주님은 그런 모습을 보시고 슬퍼하시며 내 제자가 아니라고 선언하실지도 모른다.

성도들에게 주님을 따르기 위해서는 대가가 필요하다고 가르쳐야 한다. 주님을 위해 자기를 부인하고 자기 십자가를 지라고 말해야 한다. 이것이 주님이 우리에게 명하신 일이다. 참된 제자를 만들어 주님을 위해 목숨을 바치도록 해야 한다. 그렇게 할 때만이 교회가 주님의 말씀을 따르고 그 뜻을 이루는 부흥의 길을 걷게 될 것이다. 주님은 우리의 수고를 인정하고 우리를 위해 예비하신 면류관을 주실 것이다.

속사람에 관심을 가져라

"그러므로 우리가 낙심하지 아니하노니 우리의 겉사람은 낡아지나 우리의 속사람은 날로 새로워지도다 우리가 잠시 받는 환난의 경한 것이 지극히 크고 영원한 영광의 중한 것을 우리에게 이루게 함이니 우리가 주목하는 것은 보이는 것이 아니요 보이지 않는 것이니 보이는 것은 잠깐이요 보이지 않는 것은 영원함이라"(고후 4:16-18).

우리는 겉모습이 아닌 속사람에게 관심을 갖고 있다. 그것은 우리가 소망하는 나라는 눈에 보이는 현 세계가 아니요 눈에 보이지 않는 영원한 나라이기 때문이다. 그렇기 때문에 우리는 속사람을 세우고 만드는 데 관심을 가져야 한다.

어떤 교회는 속사람이 아닌 겉모습에 관심을 갖고 있는 것처럼 보인다. 사람들이 편안해하고 기분 좋게 하여 많이 모이는 것에 목적을 두고 있다. 심지어 중요한 하나님의 말씀조차 줄이고자 한다. 말씀은 밥이다. 밥을 줄이고 줄이면 자신도 모르게 속사람은 약해지고 어느덧 힘을 잃어 죽게 될 것이다. 기도도 말씀도 짧은 게 낫다고, 심지어 안 하는 게 낫다고까지 한다. 다해 놓은 밥을 버리게 된 것과 다름없다. 적은 밥은 속사람의 생명을 간신히 붙어 있게 하는 최소한의 양분 정도밖에 되지 않는다. 이런 밥을 먹는 교인들은 절대 건강한 속사람이 되지 못할 것이다.

깨를 처음 수확했을 때는 빛나고 윤택한 오동통한 모습을 가지고 있다. 우리는 이 모습 그대로의 깨를 섭취할 수 없다. 깨는 불에 볶을 때만이 고소한 향이 진동하는 풍미를 지니게 된다. 우리도 마찬가지다. 우리 날 것 그대로의 속사람은 세상에 어떤 유익도 줄 수 없다. 그리스도의 향기가 전혀 그 모습에서 나타나지 않는다. 오직 성령의 불로 볶일 때 그제야 고소한 향이 나는 그리스도인이 될 것이다.

그렇기 때문에 나는 목회자로서 교인들에게 안일한 신앙생활을 버리라고 한다. 나는 겉모습이 아닌 속사람에 관심을 갖고 있기 때문이다. 나는 교인들로 주를 닮아가려는 힘든 모습을 통해 결국 속사람이 살아 아름다운 향기가 밖으로 나오게 할 것이다. 그들로 아름다운 향기를 내뿜는 기름이 되게 할 것이다.

나는 교인들이 교회에 오래 다니는 것을 자랑으로 여기는 종교인이 되기를 원하지 않는다. 성령으로 변화된 향기로운 속사람으로 주님의 뜻을 이루는 부흥의 길을 함께 걷고자 한다. 그래서 나는 교회에 부임한 첫해 '신중앙인을 찾습니다'라고 현수막을 만들어 붙였다. 성령으로 변화된 속사람으로 교회에 부흥을 이끌 사람들을 만들고자 했기 때문이다. 교회의 미래가 주님의 뜻을 이루는 부흥의 사람들의 모임이 되기를 소망한다.

나는 가끔 미래를 열고자 하는 꿈이 없는 사람들은 여기에 오지 않아도 된다고 말하곤 한다. 주님의 뜻을 이루기를 소망하는 자들이 모이기를 소망하기 때문이다. 이제 과거를 벗어나 부흥의 미래를 바라보는 자들이 모여 함께 부흥의 꿈을 꾸고 이 부흥을 만들어 가기를 원한다. 교회는 함께 만들어 가는 곳이다. 함께 울어 보지 않고서 함께 기쁨을 누릴 수 없다. 우리는 성령으로 함께 울고, 함께 땀 흘리며, 함께 아파할 것이다. 그리고 변화된 속사람으로 주님의 뜻을 이루며 부흥을 꿈꾸고 함께 웃을 것이다.

은혜를 소진하라

"또 어떤 사람이 타국에 갈 때 그 종들을 불러 자기 소유를 맡김과 같으니 각각 그 재능대로 한 사람에게는 금 다섯 달란트를, 한 사람에게는 두 달란트를, 한 사람에게는 한 달란트를 주고 떠났더니 다섯 달란트 받은 자는 바로 가서 그것으로 장사하여 또 다섯 달란트를 남기고 두 달란트 받은 자도 그같이 하여 또 두 달란트를 남겼으되 한 달란트 받은 자는 가서 땅을 파고 그 주인의 돈을 감추어 두었더니 오랜 후에 그 종들의 주인이 돌아와 그들과 결산할새 다섯 달란트 받았던 자는 다섯 달란트를 더 가지고 와

서 이르되 주인이여 내게 다섯 달란트를 주셨는데 보소서 내가 또 다섯 달란트를 남겼나이다 그 주인 이 이르되 잘하였도다 착하고 충성된 종아 네가 적 은 일에 충성하였으매 내가 많은 것을 네게 맡기리 니 네 주인의 즐거움에 참여할지어다 하고 두 달란 트 받았던 자도 와서 이르되 주인이여 내게 두 달란 트를 주셨는데 보소서 내가 또 두 달란트를 남겼나 이다 그 주인이 이르되 잘하였도다 착하고 충성된 종아 네가 적은 일에 충성하였으매 내가 많은 것을 네게 맡기리니 네 주인의 즐거움에 참여할지어다 하고 한 달란트 받았던 자는 와서 이르되 주인이여 당신은 굳은 사람이라 심지 않은 데서 거두고 헤치 지 않은 데서 모으는 줄을 내가 알았으므로 두려워 하여 나가서 당신의 달란트를 땅에 감추어 두었었 나이다 보소서 당신의 것을 가지셨나이다 그 주인 이 대답하여 이르되 악하고 게으른 종아 나는 심지 않은 데서 거두고 헤치지 않은 데서 모으는 줄로 네 가 알았느냐 그러면 네가 마땅히 내 돈을 취리하는 자들에게나 맡겼다가 내가 돌아와서 내 원금과 이 자를 받게 하였을 것이니라 하고 그에게서 그 한 달 란트를 빼앗아 열 달란트 가진 자에게 주라 무릇 있는 자는 받아 풍족하게 되고 없는 자는 그 있는 것까지 빼앗기리라"(마 25:14-29).

주인은 각각 맞춤으로 종들에게 달란트를 맡겨 두었다. 이는 종들에게 베푼 은혜이며 사랑이며 믿음이다. 그런 은혜를 받은 자들 중 다섯 달란트와 두 달란트 받은 자들은 그 은혜를 사용하였다. 사용하다가 손실을 가져올 수 있을지도 모른다. 그러나 그들은 주어진 은혜를 힘써 사용하였다. 그러나 한 달란트 받은 자는 주인에 대한 은혜보다 안일함과 두려움으로 그 달란트를 땅에 감추었다가 주인에게 가져온다. 그는 은혜를 사용하지 않았다. 그로 인해 악하고 게으른 종이란 책망을 받게 된다.

주님이 예로 드신 말씀처럼 주님은 주님의 것을 마음껏 사용해 일하기를 원하신다. 주님이 우리에게 은혜를 주신 것은 언제나 감추고 있다가 주님 만났을 때 내놓으라는 뜻이 아니다. 마음껏 주님이 주신 은혜를 사용하여 주님의 일을 하라는 것이다.

주님은 우리에게 받은 은혜를 사용하여 마음껏 소진하라고 하신다. 그렇다면 이 은혜를 어떻게 소진할 수 있을까? 그것은 세상에서 주님을 위해 일할 때만이 소진할 수 있다. 주님께 기도하고 찬양하며 연약한 이웃을 위해 봉사하고 힘을 다해 복음을 전해야 한다. 이렇게 우리가 은혜를 소진할 때만이 다시 은혜를 갈구하게 되는 순환을 경험하게 된다. 이 순환은 우리가 힘 있게 일한 후 다시 배가 고프게 되는 현상, 다시 밥을 간절히 원하게 되는 현상과 동일하다. 다른 말로 하면 힘 있게 일하여 은혜를 소진할 때 은혜를 갈구하게 되는 밥맛이 생기게 된다는 것이다. 은혜가 고여 있게 되면, 어디에 숨겨 놓게 되면 분명 그 은혜는 썩게 된다. 은혜가 흘러가지 않도록 꽉 움켜쥐고 있으면 안 된다.

은혜를 받았다면 반드시 세상에 나가 그 은혜를 소진해야 한다. 매일 앉아서 은혜만을 받아먹으려 해서는 안 된다. 이 은혜를 세상에 나눠 흘러 가도록 해야 한다. 이처럼 우리가 힘을 다해 일하게 된다면 은혜를 갈구하는 허기진 자가 될 것이다. 어떤 음식이건 어떤 반찬이건 무엇이 문제가 될까? 무엇을 먹어도 입에는 꿀처럼 달게 될 것이다. 하지만 일을 하지 않으면 어떤 음식도 입에 들어가지 않을 것이다. 맛깔스러운 반찬도, 기름진 고기도, 산해진미도 눈에 들어오지 않는다.

우리는 받은 은혜를 열심히 사용해야 한다. 주님이 성령으로 은혜를 주신다면 감추지 말고 힘을 다해 사용함으로 완전히 소진해야 한다. 받은 은혜를 사용하지 않으면 우리 입에는 언제나 불만이 가득하게 될 것이다. 주일에 드리는 예배도 지루하고 힘든 일정으로 느껴지게 될 것이다. 주님께 드리는 찬양도 의미 없는 공허한 소리로 다가오게 될 것이다. 목사님이 전하는 하나님의 말씀도 나와 관계가 먼 옛날 이야기가 될 것이다.

교인들을 교회에만 머물게 하지 마라. 교회를 통해 교인들이 은혜를 나누게 하고 봉사하게 해야 한다. 연약한 자들을 돌보고 전도하는 데 헌신하도록 해야 한다. 교회를 땀과 헌신이 밴 곳으로 만들어 가야 한다. 교회는 우리만 모여 은혜를 쌓아 놓는 곳이 아니다. 교회는 은혜의 통로가 되어야 한다. 교인들이 예배를 통해 하나님의 은혜를 받고 이 은혜를 다시 교회를 통해 세상에 흘러가도록 땀 흘리게 해야 한다. 그렇게 될 때만이 교회는 부흥의 통로가 되어 주님의 은혜를 깨닫고 돌아온 사람들로 차고 넘치게 될 것이다.

울타리를 넓히라

"야베스가 이스라엘 하나님께 아뢰어 이르되 주께서 내게 복을 주시려거든 나의 지역을 넓히시고 주의 손으로 나를 도우사 나로 환난을 벗어나 내게 근심이 없게 하옵소서 하였더니 하나님이 그가 구하는 것을 허락하셨더라"(대상 4:7).

야베스의 기도에는 놀라운 신뢰가 담겨 있다. 그는 하나님께서 주시는 복을 자신의 지역을 넓히는 일에 연결시킨다. 여기서 지역을 넓히는 일을 부자가 되는 소망과 연결해서는 안 된다.

그의 요청은 바로 자신에게 더 많은 일을 달라는 의미이기 때문이다. 누구나 부담이 적은 작은 일을 원한다. 그 일이 자신에게 명예나 부나 물질을 주는 게 아니라면 말이다. 아무 유익이 없는데 누가 힘든 일을 자진하겠는가! 그의 기도는 진심이었다. 만일 그가 요청한 일이 자신만을 위한 일이었다면 그는 이처럼 간곡히 말하지도, 성경에 소개되지도 않았을 것이다. 그가 요청한 이 일은 분명 주님이 원하시는 일이었음에 분명하다. 그렇기 때문에 주님의 도우심을 요청하고 근심을 덜어 주는 주님의 은혜스러운 손길이 필요했던 것이다. 하나님은 그의 마음을 보셨고 그의 믿음을 보셨으며 하나님을 사랑하는 그의 결단을 보셨다. 그렇기 때문에 하나님은 그의 기도에 응답하셨던 것이다.

내가 울타리를 넓히자고 말하는 이유도 야베스와 같다. 우리가 주님의 뜻을 이루며 부흥하기를 원한다면 주님의 일을 더 많이 감당하고 싶다고 고백해야 한다. 주위를 돌아보라! 주님이 일하기를 원하시는 수많은 현장이 있다. 그렇다. 그 일을 우리가 담당하기에는 너무 어렵고 크다. 우리의 능력을 생각해 보면 두려운 게 당연하다. 그 일을 맡게 된다면 분명 험한 일이 생기게 될 것이다. 어찌 그 일을 감당하겠다고 감히 하나님께 말씀드릴 수 있을까? 하지만 우리가 주님의 뜻을 이루는 부흥에 참여하고 그 은혜로 복음을 전하기를 소망한다면 그리고 그 일에 앞장서기를 원한다면 우리는 야베스와 같이 담대히 주님께 기도드려야 한다.

"주님 저희 지역을 넓혀 주옵소서. 저희 울타리를 넓혀 주옵소서."

우리 힘으로 주님의 거대한 일을 담당할 수는 없다. 주님이 허락하시고 성령님이 그 능력으로 우리를 도우셔야 한다. 야베스의 기도와 같이 환난을 벗어나 근심이 없도록 구체적으로 기도해야 한다.

우리는 코로나로 인해 큰 환난을 당했고, 어려운 경제적인 상황으로 가정까지 흔들리고 있다. 그리고 전쟁의 험한 소식이 계속적으로 들려오고 있다. 종교, 경제, 정치 모든 부분에서 소망이 보이지 않는다. 주님의 뜻을 이루고자 하는 교회가 감당할 수 있는 일은 무엇일까? 우리는 우리 이웃이 두려움을 벗어나 주님을 바라볼 수 있도록 어떤 도움을 줄 수 있을까?

사람들은 현재 우리 교회들이 많이 약해졌다고 말을 한다. 교인들이 더는 교회에 출석해 예배를 드리는 것에 간절하지 않고 교파를 뛰어 넘어 모든 교회가 줄고 있다. 교인이 사라지고 헌신도 없어지고 드림도 줄어든다고 한다. 하지만 나는 이러할 때일수록 더욱 주님께 강력히 우리의 울타리를 넓혀 달라고 기도해야 한다고 믿는다. 주님께 우리가 감당해야 할 많은 일이 있음을 고백하며 그 일을 감당할 수 있도록 성령님의 은혜를 구해야 한다.

이 상황이 넘어가면 분명 우리에게 영적 구조 조정이 올 것이라 확신한다. 교인들은 영적 갈증에 놓일 것이며, 그때 교인들은 다시 살아 있는 교회로 뭉치게 될 것이다. 우리는 준비해야 한다.

지금 현재의 우리나라 교회 상황을 비유해 보자면 우리의 양 우리에 양이 줄었으니 울타리를 줄여야 한다고 할 수 있다. 그러나 부흥을 꿈꾸는 나는 지금 오히려 기존의 울타리를 헐고 더 넓혀야 한다고 믿는다. 지금은 주님의 뜻에 맞는 진정한 교인들로 다시 채우고자 하는 가장 중요한 때라고 생각하기 때문이다. 나는 이번 코로나 팬데믹을 맞이해서도 이러한 철학을 시행하였다. 내가 섬기는 교회는 원래 2부로 예배를 드렸지만 코로나 팬데믹이 터지고 교인이 줄게 되자 오히려 3부 예배를 추가하였다. 울타리를 넓힌 것이다. 주님이 넓힌 울타리만큼 부흥의 은혜를 부어 주시리라고 믿었다.

우리는 미래를 봐야 한다. 미래를 예상할 때 넉넉해진다. 주님과 함께 오늘을 넘어 내일을 보고 준비해야 한다. 주님이 채워 주실 그 은혜를 바라보기 때문이다. 고난이 오는 이때 미래를 보는 자는 지금 울타리를 넓힌다. 하나님의 강력한 역사가 있을 것이기 때문이다.

주님과 동행하라

"믿음으로 에녹은 죽음을 보지 않고 옮겨졌으니 하나님이 그를 옮기심으로 다시 보이지 아니하였느니라 그는 옮겨지기 전에 하나님을 기쁘시게 하는 자라 하는 증거를 받았느니라 믿음이 없이는 하나님을 기쁘시게 하지 못하나니 하나님께 나아가는 자는 반드시 그가 계신 것과 또한 그가 자기를 찾는 자들에게 상 주시는 이심을 믿어야 할지니라 믿음으로 노아는 아직 보이지 않는 일에 경고하심을 받아 경외함으로 방주를 준비하여 그 집을 구원하였으니 이로 말미암아 세상을 정죄하고 믿음을 따르는 의

의 상속자가 되었느니라"(히 11:5-7).

성경에서 가장 닮고 싶은 사람을 말하라고 하면 에녹을 이야기한다. 그의 삶에서 엄청난 비전이나 역사를 볼 수는 없지만 그에게는 빼 놓을 수 없는 가장 매력적인 부분이 있기 때문이다. 그것은 바로 그가 하나님과 동행한 대표적인 인물이라는 것이다. 그는 어떠한 삶을 살았을까? 어떠한 믿음을 가졌길래 그는 하나님과 동행하는 삶을 살 수 있었을까? 어떻게 그는 하나님을 기쁘시게 하는 자라는 증거를 받았을까? 나는 그것을 그가 삶에서 하나님의 뜻을 실천한 데서 찾아야 하지 않을까 생각한다. 비록 성경은 기록하고 있지 않지만 나는 충분히 추론할 수 있다고 생각한다. 분명 그의 삶은 하나님의 뜻을 구하며 그 뜻대로 사는 삶이었을 것이다. 다시 말해 모든 삶이 하나님과 동행하는 하나님을 기쁘시게 하는 삶이었을 것이다.

우리 역시 하나님의 뜻을 이루어 가며 하나님을 기쁘시게 하는 자라는 타이틀을 얻기를 소망한다. 이것이 주님의 제자로 이 땅에 살아가는 우리가 가져야 할 비전이 아닐까? 나 역시 이러한 삶을 살아 하나님과 동행하는 삶을 살기를 원한다. 하나님께 기도하면 바로 들으시고 그 기도에 응답해 주시는 삶, 주님을 알고 부흥을 소망하는 우리의 가장 큰 소원이 아닐까?

나는 주님과의 동행에 대하여 2인용 자전거로 비유하곤 한다. 주님을 만나기 전에 나는 이인용 자전거를 나 혼자 탔다. 누구도 의지할 수 없이 곤고한 삶이었다. 그러나 주님을 만나니 주님이 뒤에 타셨다. 나는 빨리 가고 싶은 마음에 힘써 페달을 밟고 너무 힘들면 주님께 도와달라고 하였다. 그때마다 주님은 늘 나를 도와주셨다. 그럼에도 나는 항상 힘들고 피곤하고 곤고하였다. 눈앞에 있는 목표에 마음을 빼앗겼기 때문이다. 나는 좀 더 빠르게 생각한 자리까지 가야 한다고 자신을 다그쳤다. 열심히 페달을 밟았지만 속도가 나지 않았고, 곧 지쳐 버렸다. 삶이 고달프다는 한탄이 입에서 떠나지 않았다. 거친 숨소리가 주변 공기를 뜨겁게 만들었다. 어느 순간부터 나의 입에서 원망이 튀어나왔다. 왜 나만 이렇게 힘들게 달려야 하는지 누가 나를 알아주는지 라고 말이다. 그러다 보니 몸도 마음도 다 지쳐 버린 나를 발견하게 되었다. 나는 더 이상 페달을 밟을 힘이 없었다.

이때 주님이 나에게 자리를 바꿔 달라고 요청하셨다.

"제 자리를 내어 달라고요?"

망설이던 나는 결국 내 자리를 주님께 드렸다. 주님이 내 대신 페달을 밟으셨다. 그런데도 나는 편하지 않았다. '이상하다. 왜 편하지 않을까? 왜 더 불편하게 느껴질까?' 고민하던 그때 나는 깨달을 수 있었다. 주님을 신뢰하지 못했단 사실을 말이다. 주님 뒤에 앉아 있으면서도 주님을 믿지 못하고 초조함에 고개를 옆으로 꺾고 앞을 보는 불안한 내 모습을 보게 되었다. 내 생각대로 가지 않는다고 초조해하며 계속 힘들어하고 있는 것이 아닌가?

주님은 불안한 나를 보시고 내 명철을 의지하지 말고 주님을 신뢰하라고 하신다. 조금씩 주님을 신뢰하게 된다. 그랬더니 마음에 감사가 있고 행복이 찾아왔다. 주님을 신뢰하고 맡기는 것이 동행의 기본이다. 주님과 함께 간다는 것만으로 기뻐하며 주변 풍경을 바라보고 즐겨야 한다. 때로는 발장난도 치고 주님과 웃으며 이야기를 나누고 주께 감사를 드리며 이렇게 동행해야 한다. 주님이 함께 가자고 하시면 우리는 행복한 노래를 부르며 기쁨으로 나가야 한다. 이것이 주님의 뜻이다. 따라서 나는 교회 목표를 숫자가 아닌 주님이 원하시는 대로 주님과 동행하며 행복한 노래를 부르도록 하는 것으로 삼았다.

소망을 가지라

"오호라 나는 곤고한 사람이로다 이 사망의 몸에서 누가 나를 건져내랴 우리 주 예수 그리스도로 말미암아 하나님께 감사하리로다"(롬 7:24-25).

건설 현장을 돌아다녀 보면 발 밑에 구부러진 철사 토막이 돌아다니는 것을 종종 보게 된다. 사람들 발에 치이기만 할 뿐 누구 하나 철사 토막을 특별한 용도로 사용하겠다고 말하지 않는다. 구부러진 철사 토막은 아무 쓸모가 없기 때문이다. 철사 토막은 나무를 묶지도, 철근을 엮지도 못한다. 맛을 잃은 소금처럼 길바닥에 버려질 뿐이다. 그런데 이 꼬부라진 철사 토막이 용도를 가질 때가 있다. 바로 솜씨 좋은 대장장이를 만날 때이다. 대장장이는 철사 토막들을 모아 강력한 풀무불에 넣고 시뻘겋게 달군 뒤에 내려친다. 그렇게 치고 치게 되면 어느 순간 형태를 갖추고 이내 쓸모 있는 물건으로 변하게 된다. 때로는 농기구가, 때로는 칼이 된다.

여기서 의문이 하나 들 것이다. 무엇이 이 쓸모 없는 꼬부라진 철사 토막들을 유용하게 변하게 할까? 라고 말이다. 그것은 강렬한 불과 솜씨 있는 대장장이 그리고 그의 망치이다. 강한 풀무불에 노출시켜 시뻘겋게 달궈진 철사들에 솜씨 좋은 대장장이가 망치질을 할 때 형태가 변하게 된다. 하지만 몇 번의 망치질만 가지고 결과가 바로 나타나지 않는다. 식으면 다시 풀무불에 담가 달구고 시뻘게 지면 다시 빼내 두들긴다. 이 반복적인 행위를 통해 철사 토막들은 점차 변하게 된다.

나는 길에서 흔히 볼 수 있는 구부러진 철사 토막이었다. 어디에 적당히 쓰일 수 없는 나였다. 나는 훌륭한 집안 출신도 아니요, 재력도 없었다. 게다가 학문적 소양도, 지혜도 없었다. 매력적이고 세련된 모습도 찾을 수 없었다. 그런데 어느 날 나는 성령의 강렬한 불로 달궈지고 주님의 빼어난 솜씨와 망치로 두들겨지니 조금씩 변하게 되었다. 물론 너무 고통스러워 입에 원망의 말을 달고 있기도 했다. 하지만 점차로 변하는 내 모습을 볼 때면 주님께 감사드리지 않을 수 없었다.

내가 주님의 사명에 붙들린 이후 주님은 나의 인생 계획을 세우시고 그 계획대로 나를 이끄셨다. 그 이끄심은 나로 고난의 광야에 있게 하였다. 이것이 주님이 만들어 가시는 과정이기 때문이다. 사도 바울은 강렬한 시련 중에도 그것이 곧 예수 그리스도로 인한 고난임을 깨닫고, 이 일이 주님께 영광 돌릴 수 있다는 걸 알게 되자 오히려 기뻐하며 하나님께 감사드릴 수 있었다. 사도 바울의 육체적 가시는 익히 아는 일일 것이다. 그는 이 가시로 평생 괴롭힘을 받았다. 하지만 이 가시가 자신을 자만하지 않게 하려는 하나님의 은혜임을 깨닫게 되자 그는 더 이상 가시를 위해 기도하지 않았다(고후 12:7-9). 이 가시를 통해 그리스도의 능력이 그 안에 언제나 머물며 성령의 권능으로 일할 수 있게 되었음을 깨달았기 때문이다.

나 역시도 사도 바울과 같이 자랑할 약함이 있다. 무거운 아픔이었지만 주님을 바라보게 하는 힘이 되었다. 첫 번째는 교회를 건축할 때 생겼던 이상이다. 일할 때 어깨에 뚝하는 통증이 있었지만 오십견이겠지 하는 마음으로 넘어갔다. 하지만 통증이 점점 심해졌고 어쩔 수 없이 가게 된 병원에서 회전근개가 끊어졌다는 충격적인 진단을 받고 곧 수술을 받게 되었다. 나의 아픔은 이것으로 끝나지 않았다. 어느 날인가부터 목이 붓는 거 같더니 말하기가 힘들어졌다. 피곤해서 잠시 목소리가 변한 거라고 생각했지만 점점 쇳소리가 섞여 나오기 시작하였다. 언제나 목소리만큼 자신이 있었지만 점점 말하기가 힘들어졌다. 결국 병원에 가 보니 성대 신경선에 종양이 있다고 말하는 것이 아닌가! 나는 수술을 받게 되었고, 수술 후에는 성대 조절이 불가능하게 되었다. 나의 목소리는 언제나 쉰 목소리였고, 성대를 많이 써야 하는 목회자로서 큰 치명타가 되었다. 나의 시련은 여기서 그치지 않았다. 교회를 증축한 후 건강검진을 받게 되었는데 병원에서 뜬금없이 갑상선 암이 의심된다고 하여 다시 큰 종합병원에 가서 검진을 받았는데, 암이라는 판정을 받게 되었다. 이후에 나는 수술을 받았고 건강의 위기가 닥쳐왔다.

　나는 사도 바울처럼 나의 약함이 자랑이 되었다. 언제나 연약함을 고백하는 목사가 되었기 때문이다. 하지만 그럼에도 언제나 감사를 입에 달고 사는 이유는 주님께서 지금까지 나를 살게 하셨고 그 큰 은혜로 붙들어 주셨기 때문이다. 나는 언제나 힘들 때마다 "나는 여호와니라", "내가 다 이루었다", "여호와의 선하심과 인자하심이 영원함이로다"를 고백한다. 말씀이 주는 은혜가 나에게 너무 절실히 다가오기 때문이다. 나는 바보처럼 아프고 나서야 감사를 깨닫게 되었다. 내가 이뤘다고 생각하는 모두가 주님이 하신 일이었다. 주님이 나에게 오셔서 누구신지 밝히시며 직접 그 일을 이루어 주셨고, 그 선하시고 인자하심이 정녕 나와 함께하고 계셨던 것이다. 나에게 일어난 모든 일은 오히려 감사해야 할 목록이 되었다.

  지금도 나는 언제나 주님에게 무익한 종이라고 고백한다. 그럼에도 나의 자랑은 나의 약함으로 인해 주님을 의지함에 있으며, 모든 에너지를 사용하기를 원함은 주님이 나에게 맡겨 주신 교회의 양들, 교인들을 사랑함에 있다. 나는 교회의 담임목사 직함을 사랑한다. 그것은 이 직함이 하나님께서 나에게 주신 가장 큰 사명이자 나의 최고의 가치이기 때문이다. 나는 언제나 함께하신다는 주님의 응답을 기억하며 매일 주님의 뜻을 이루는 부흥을 향해 달려가고 있다.

예수님 바보가 되라

"그러나 내가 나 된 것은 하나님의 은혜로 된 것이니 내게 주신 그의 은혜가 헛되지 아니하여 내가 모든 사도보다 더 많이 수고하였으나 내가 한 것이 아니요 오직 나와 함께 하신 하나님의 은혜로라"(고전 15:10)

사도 바울이 지금까지 믿음의 사람들에게 사랑받는 이유는 주님을 향한 그의 열정과 최선의 삶 때문이라고 생각한다. 그는 자기 자신의 위치를 정확히 알았고 그의 가치가 오직 주님께 있다는 걸 알았다. 나는 이런 사도 바울의 고백을 볼 때마다 공감과 동시에 나를 돌아보는 계기가 된다. 나 역시 복음을 전하고 부흥을 말할 수 있게 된 것이 오직 주님의 은혜이기 때문이다. 내 안에 어떤 선한 것이 있기에 그렇게 담대히 전할 수 있을까? 나를 높이 평가할 만한 것이 내 안에 있을까? 아니다. 솔직히 말하자면 나는 정말 부족하다. 나는 열정만 있는 사람이다. 나 자신을 솔직히 평가해 말해 보라고 하면 나는 '바보'라고 할 수 있다. 직임까지 말하면 '바보 목사.' 주님을 위한 일이라면 어떤 일이든 내던지기를 주저하지 않는다.

나는 운동을 참으로 좋아했다. 목회하면서도 구기 종목에 여러 해 동안 선수로 참여하였다. 그러나 나는 어떤 것도 목회에 방해가 될 정도로 좋아하지 않는다. 또한 사람을 만나 시간을 보내는 것을 15년 동안 멈추고 교회와 예수님에게 집중한 적도 있었다.

나는 예수님이 참 좋다. 돌아보고 나면 내 인생에 가장 최고는 예수님을 만난 것이고 예수님을 만난 이후 난 과거와는 전혀 다른 인생길을 걷고 있다. 나는 예수님 바보이다.

나는 그분과 함께 있음이 좋다. 누구와 이야기할 때도 예수님 이야기할 때가 참 좋다. 그래서 나는 예수님이 계시는 교회가 참 좋다. 청년 때 시간이 나면 교회에서 기도하다가 교회 의자에서 잠을 잔 적도 많았다. 주님을 부르다가 지친 몸을 이끌고 본당 의자에 누워 있으면 주님이 나를 포근히 감싸 안는 것 같았다. 세상 모든 근심이 사라지고 평안이 나를 덮는다. 귀에서 찬양이 들리는 듯하다.

처음 목회를 시작하면서도 예수님을 사랑하고 따라가고 싶은데 어찌할 수 없어 오랜 시간을 교회에서 잠을 자기도 하였다. 이로 인해 장에 문제가 되었고 호흡에도 문제가 되어 잔기침이 끊이지 않았다. 그럼에도 나는 교회가 너무 좋았다. 아니 주님 품이 너무 좋았다.

바보처럼 예수님만 바라보고 살아온 삶이 참 좋다. 그 예수님이 나 스스로를 감사하고 만족한 삶을 살게 해 주셨다. 그래서 사랑하는 목회자 후배들 역시 이렇게 예수님 바보로 살기를 원한다. 예수님 바보가 될 때 자연스럽게 주님의 뜻이 마음에 들어오고 그 뜻을 위해 헌신을 하다 보면 어느새 주님의 부흥이 가까이 와 있게 되기 때문이다.

딴 주머니를 차지 마라

"전대나 배낭이나 신발을 가지지 말며 길에서 아무에게도 문안하지 말며 어느 집에 들어가든지 먼저 말하되 이 집이 평안할지어다 하라"(눅 10:4-5).

왜 예수님은 전도를 위해 제자들을 보내면서 전대나 배낭이나 신발을 가지고 가지 말라고 하셨을까? 그거 좀 가지고 간다고 문제 생길 일이 있을까? 예수님은 제자들에게 이를 철저히 금하라 명하시며 앞으로 있을 그들의 사역을 준비시키고자 하셨다.

예수님이 금하신 전대나 배낭이나 신발을 오늘날 말로 바꾼다면 자기를 위한 '딴 주머니'라고 할 수 있을 것이다. 바로 제자들에게 복음을 전하는 자는 딴 주머니를 차고 다니지 말라고 말씀하셨던 것이다. 이는 주님의 명령으로 전도를 나갔으니 오직 주님만 보고 믿고 나가라는 의미로 이해할 수 있다. 주님의 제자들은 주님이 책임을 지시기에 오직 주님의 예비하심을 믿고 신뢰해야 한다. 주님은 사랑하는 제자들을 굶도록, 길에서 헤매도록 버리지 않으신다. 주님을 의심하니 자꾸만 딴 주머니를 차게 되는 것이다. 전도를 다니다 배가 고프면 이 돈으로 사 먹어야지, 이 돈으로 잠을 자야지 하면서 모은 금액은 어느 덧 소망이 되어 주님을 버리게 되는 죄가 될 것이다. 우리의 주머니는 오직 예수님이어야 한다. 예수님을 신뢰하여 함께하심과 인도하심 그리고 채워 주심을 믿고 나가야 한다.

예수님이 말씀하신 이 딴 주머니는 별게 아니다. 예수님 외에 다른 어떤 것이 중심이 되어 버리게 될 때 그게 바로 딴 주머니가 된다. 내 삶의 중심이 주님이 아닌 다른 것이 되어 버리면 그게 바로 나를 지배하는 실세가 되어 버린다. 주님이 아닌 다른 생각을 하게 된다는 것이다. 나를 움직이는 가장 중요한 포인트는 예수님이 되어야 한다.

이 원리는 교회에서도 그대로 적용된다. 부흥이 왜 안 되는가? 이 역시 교회가 딴 주머니를 찾고 있기 때문이다. 주님을 향한 파이프 라인을 굳건히 붙잡고 있어야 하는데 만약을 대비해서 여러 파이프 라인을 만들어 다양하게 열어 놓으니 무엇이 되겠는가?

과거 목회를 할 때 교회에 지하수가 있었다. 그 지하수가 교회로 연결되었고, 그 중간에 주택을 연결하였다. 그러다 보니 교회가 물을 사용하면 주택은 아예 물이 나오지 않았다. 이처럼 메인 라인이 주님과 열려 있어야 한다. 수도의 라인이 여러 개라면 그 힘이 분산되고 점차 그 힘을 잃어버리게 되듯 사역에서 여러 개의 라인은 결국 주님을 향한 관심을 흩어지게 한다. 이 역시 딴 주머니라 할 수 있다. 교회가 주님의 뜻이 아닌 건물 지키기에 힘쓴다면 이 역시도 딴 주머니다. 오직 주님만을 바라보아야 한다. 그리고 오직 주님의 뜻만이 이루어지기를 소망해야 한다.

어느 날인가 코로나 때문에 성도들이 교회 출석을 제대로 하지 못하니 나도 모르게 예배당에서 성도들을 바라보며 숫자를 세고 있었다. 갑자기 마음속에 "지금 무엇을 하고 있냐"는 소리가 들려왔다.

너무 깜짝 놀라고 말았다. 내가 해야 할 일은 오직 힘써 복음을 전해야 하는 데 성도 숫자에 집착하고 있었던 것이다. 주님은 다른 데 마음을 쏟고 있던 나를 질책하셨다.

정신을 차리고 생각해 보니 이 역시 딴 주머니였다. 분명 주님의 공급하심과 인도하심을 신뢰하며 오직 주의 복음에 힘을 쏟아야 하는데 나 홀로 걱정하며 어떻게 성도들을 더 모아야 하나 근심하고 있었던 것이다. 주님의 책망 소리를 듣자 두려움이 내 마음을 사로잡았다. 나는 즉시 주님께 회개하였다.

"주님, 제가 딴 주머니를 찼습니다. 주님을 신뢰해야 하는데 제 생각만 하고 근심하고 있었습니다. 잘못했습니다. 이제부터 주님만을 바라보겠습니다."

놀라운 일은 그 이후부터 있었다. 숫자 세는 걸 멈추자 마음의 평안이 오기 시작했던 것이다. 이 평안은 주님이 책임지실 거라는 확신과 함께 오기 시작했다. 이렇듯 주님을 신뢰하고 말씀에 집중하기 시작하니 그때부터 조금씩 예배 참석 인원이 늘기 시작했다. 코로나 팬데믹 시기인데도 말이다.

다윗을 생각해 보라. 나라를 통치하는 입장에서 강력한 군사력과 재정의 건전성을 확보하기 위해 인구 파악은 필수다. 그런데 하나님은 인구조사를 금하셨다. 통치자의 입장에서는 말이 안되는 명령이셨다. 어떻게 통치자가 백성들의 숫자를 모르냐 말이다. 하지만 이와 같은 명령은 왕으로 하여금 예비해 주시고 공급해 주시는 하나님의 은혜를 신뢰하도록 하기 위함이었다. 그럼에도 불구하고 다윗은 욕구를 억누르지 못하고 결국 자신의 권위로 인구조사를 명하게 되었다. 그 결과 어떻게 되었는가? 그 숫자로 인해 다윗의 통치가 활발해지고 나라가 부강해

졌는가? 아니다. 하나님의 명령을 어긴 다윗을 향해 하나님은 심판을 시행하기 시작하셨다. 나라는 곧 멸망의 위기에 빠졌고, 수많은 백성들은 고통 속에 신음하게 되었다. 이 문제는 다윗의 회개와 그에 따른 징계로 마무리되었다(삼하 24장).

다윗의 사건은 하나님을 신뢰해야 하는 우리에게 그대로 적용된다. 하나님의 공급하심을 신뢰할 때 우리는 딴 주머니를 차지 않는다. 하지만 하나님을 신뢰하지 못하고 내가 무엇을 해봐야겠다고 생각하게 될 때 결국 딴 주머니를 차고 말게 된다.

부흥하는 교회는 오직 주님께 집중하는 교회이다. 다른 것에 마음이, 뜻이 분산되어 있으면 결국 주님을 향한 힘이 약해지게 된다. 여러 가닥으로 나뉘어진 수도관처럼 힘이 떨어져 버린다.

내가 교인들에게 자주 말하는 딴 주머니를 차지 않는다는 의미는 내가 주님 앞에서 다른 생각을 하지 않고, 오직 맡겨준 이 일에 최선을 다한다는 의미다.

> "나는 선한 싸움을 싸우고 나의 달려갈 길을 마치고 믿음을 지켰으니 이제 후로는 나를 위하여 의의 면류관이 예비되었으므로 주 곧 의로우신 재판장이 그 날에 내게 주실 것이며 내게만 아니라 주의 나타나심을 사모하는 모든 자에게도니라"(딤후 4:7-8).

나는 바울이 자신의 모든 것을 걸고 일생을 주님을 위해 싸운 것처럼 힘써 최선을 다하기를 원한다.

딴 주머니를 회개하라

"그러나 너를 책망할 것이 있나니 너의 처음 사랑을 버렸느니라 그러므로 어디서 떨어졌는지를 생각하고 회개하여 처음 행위를 가지라 만일 그리하지 아니하고 회개하지 아니하면 내가 네게 가서 네 촛대를 그 자리에서 옮기리라"(계 2:4-5).

요한계시록 2, 3장은 일곱 교회를 언급하고 있다. 이 중 첫 번째로 언급된 에베소 교회는 특별한 내용으로 책망하는 것을 볼 수 있는데 그들이 처음 사랑을 버렸다고 말한다. 이 처음 사랑은 그들이 주님을 만난 후 가졌던 처음 행위를 가리킨다. 그들은 주님을 만난 후 주님이 주시는 은혜에 빠져 오직 주님만을 바라보는 신앙생활을 했다. 하지만 세상의 걱정과 염려 그리고 욕심에 빠져 딴 주머니를 차게 된 것이다. 그들이 주님이 아닌 딴 주머니를 차게 되면서 이전의 처음 사랑, 처음 행위가 사라져 버리게 되었던 것이다.

우리는 마음 한편에 나를 위한 작은 위안이나 공간을 만들어서도 안 된다. 그와 같은 공간은 결국 딴 주머니로 주님과 멀어지게 하는 결정적인 역할을 하게 된다. 주님을 배제하고 자신만의 생각으로 계획을 세워서도 안 된다. 겉으로는 주님을 위한 일이 성공했다고 자축할지 몰라도 깊은 내면에 들어가면 주님의 뜻과 다른 결과를 가져오게 된다. 이 성공이 결국 주님과 멀어지게 한다는 것이다.

〈저 높은 곳을 향하여〉라는 영화를 보면 일본 형사가 주기철 목사님께 말하는 장면이 나온다.

"다른 사람들은 다 일본이 하라는 대로 신사참배를 하는데 왜 당신은 따르지 않는가?"

이때 주기철 목사님은 비장하게 답변하였다.

"그들이 믿는 하나님과 내가 믿는 하나님이 다를지도 모릅니다."

그렇다. 그들은 하나님을 믿는다고 하면서 자신의 안위를 위해 다른 선택을 하는 딴 주머니를 찬 것이다. 그들은 하나님을 신뢰하지 못하고 물리적으로 더 강한 자를 따랐다. 그러니 그들이 믿는 하나님과 주기철 목사님이 믿는 하나님이 다를 수밖에 없지 않겠는가!

우리는 주님이 책임지신다는 데도 믿지 못하는 경우가 있다. 다른 주머니를 가지지 말고 전도를 가라 했지만 몰래 딴 주머니를 찬다. 신발도 챙기고 음식도 챙긴다. 또 몰래 현금도 챙긴다. 그리고 사람들의 박수와 환희를 즐긴다. 몰래 주님의 왕관을 자신이 쓰며 기뻐하는 이것이 딴 주머니를 찬 전도자의 모습이다. 모든 욕심을 내려 놓고 이 모두가 주님의 것임을 고백하자. 딴 주머니를 버리자. 오직 주님만을 신뢰하며 주님이 우리의 모든 필요를 공급하실 것을 믿자.

목회를 하면서 너무 많은 걸 가지고 있으려 하고, 많은 걸 챙기려 하니 문제가 생긴다. 오직 예수님을 바라며 집중하고 끊어야 할 것은 끊어야 한다. 진실로 예수님만을 바라보게 되면 끊지 못할 것은 없다.

나는 언제나 내가 주님을 위해 일할 수 있음에 감사한다. 우리는 언제나 주님께 집중하며 주님의 자리에 주님을 세워 드리려 한다. 주님의 자리에 주님이 계시게 해야 한다. 그것이 목회라고 생각한다. 세례 요한처럼 나는 다만 광야에서 외치는 자의 소리일 뿐이다. 우리는 외치는 자의 소리지 주님을 대신하는 자가 아니다. 세례 요한은 자신의 자리를 정확히 알았다. 세례 요한은 예수님과 비교하여 자신을 말하였다.

"나는 그의 신발끈을 풀기도 감당하지 못하겠노라"(요 1:27).

세례 요한은 감히 자신을 예수님과 비교하지 못했다. 다만 그의 역할은 메시아가 온다고 전하는 것이었다. 우리 역시 우리가 주인공이라 여겨서는 안 된다. 역사는 주님이 하실 것이다.

결과가 아니라 과정이다

"사울이 사무엘에게 이르되 나는 실로 여호와의 목소리를 청종하여 여호와께서 보내신 길로 가서 아말렉 왕 아각을 끌어 왔고 아말렉 사람들을 진멸하였으나 다만 백성이 그 마땅히 멸할 것 중에서 가장 좋은 것으로 길갈에서 당신의 하나님 여호와께 제사하려고 양과 소를 끌어 왔나이다 하는지라 사무엘이 이르되 여호와께서 번제와 다른 제사를 그의 목소리를 청종하는 것을 좋아하심 같이 좋아하시겠나이까 순종이 제사보다 낫고 듣는 것이 숫양의 기름보다 나으니 이는 거역하는 것은 점치는 죄와 같

고 완고한 것은 사신 우상에게 절하는 죄와 같음이라 왕이 여호와의 말씀을 버렸으므로 여호와께서도 왕을 버려 왕이 되지 못하게 하셨나이다 하니"(삼상 15:20-23).

전쟁에서 승리한 사울 왕은 신나서 자기를 위해 기념비까지 세웠다. 영원히 자신의 업적이 남기를 원했기 때문이다. 하지만 이 전쟁은 하나님께서 명하신 전쟁으로 아말렉을 멸하실 하나님의 계획 중 하나였다. 사울 왕은 하나님의 명령에 따라 아말렉을 완전히 진멸해야 했다. 하지만 그는 왕 아각을 살리고 그의 양과 소의 가장 좋은 것 또는 기름진 것과 어린 양과 모든 좋은 것을 남기고 하찮은 것만 진멸하였다. 그는 겉으로만 하나님께 순종한 것이다. 그의 입장에서는 전쟁에서 승리라는 좋은 결과를 맞이했으니 그것으로 하나님의 뜻을 따른 것이 아니냐고 항변할 수 있다. 하지만 그는 결과만 좋으면 과정은 어떠하든 상관없다는 입장이었다. 물론 그 과정을 자신에게 가장 유리한 방향으로 마음 대로 틀었던 것이다.

하나님은 그의 결과를 인정하지 않으셨다. 하나님은 과정을 보시기 때문이다. 승리라는 결과에도, 보다 많은 재물을 올렸다는 성과에도 하나님은 불순종이라고 말씀하셨다. 사울 왕은 자신이 이룬 결과로 항변하였지만 소용이 없었다. 그의 행동 자체는 완전한 불순종이었기 때문이다.

사울 왕을 기억한다면 우리는 우리의 일을 돌아보아야 한다. 더는 결과에 집착해서는 안 된다. 우리가 수행해야 할 주님의 일은 결과물이 아닌 은혜가 남아야 한다. 은혜로 시작하고 그 과정도 은혜로워야 한다. 그리고 결과도 은혜가 남아야 한다. 하지만 우리를 살펴보면 과정이 아닌 결과에 집중하고, 결과에 모든 것을 거는 결과 중심이다. 깜짝 놀랄만한 결과물을 남기지만 그 과정에서 많은 사람들이 상처를 받는다. 이 결과물을 하나님께서 기뻐하실까? 아니다. 분명히 하나님은 분노하실 것이다.

하나님의 나라는 예수님 중심이요, 은혜 중심이다. 주님의 일을 하면 은혜를 받은 사람, 구원을 받은 사람이 남아야 한다. 하지만 우리는 결과물에 더 집중한다. 몇 명이 모이고 결산은 얼마나 되며 교회는 몇 평이 되더라 라고 말이다. 우리의 행복 논리는 오직 주님으로 인해 작동해야 한다. 현상이 되어서는 안 된다. 그렇게 될 때 우리는 딴 주머니를 찬 것이다.

우리는 교회에서 어떤 행사를 진행하던, 어떤 예배를 진행하던 과정을 중시한다. 아무리 그 행사가 성대하게 진행되고 수많은 사람들이 모여 박수를 치고 칭찬으로 도배한다 할지라도 주님이 원하시는 방법이 아니라면 분명 주님은 기뻐하지 않으실 것이다. 그 행사와 예배가 하나님의 뜻에 온전히 부합될 수 있도록 세심히 진행해야 한다. 우리가 과정을 중시하며 주님의 일을 하다 보면 반대로 생각과 다른 결과가 나올 수도 있다. 많은 사람이 아닌 몇 명의 사람이 참석하고, 객석의 화려한 조명과 박수가 아닌 속상함으로 채워질 수도 있다. 하지만 기억하라. 결과는 모두 주님이 책임지신다. 결과는 주님의 것이다. 우리는 단지 주님의 뜻에 따라 하나씩 진행할 뿐이다. 우리 눈에 비록 그 행사와 예배가 실패한 것으로 보인다 할지라도, 사람들의 우뢰와 같은 호응이 하나도 있지 않더라도 주님의 뜻에 따랐다면, 주님의 성령이 함께하셨다면 분명 그 행사와 예배는 성공이라 할 수 있다.

예수님의 마지막 길을 생각해 보라! 사람들 눈에 성공이라 할 수 있겠는가? 예수님은 수많은 군중의 도움도 받지 못했고, 환호성도 듣지 못했다. 오히려 저주와 야유를 들어야 했다. 그리고 잔혹한 채찍에 온몸이 찢겨야 했다. 그리고 무거운 십자가 형틀을 들고 골고다 길을 걸어가셔서 십자가에 못 박히셔야 했다. 너무나 비참한 일이 아닐 수 없다. 제자들도 도망가고 그를 따르던 수많은 사람들이 함께하지 못했다. 단지 여인들만이 그 자리를 지켰을 뿐이다. 하지만 하나님은 어떻게 평가하셨는가? 인류 역사에 가장 위대한 구원을 이룬 것이다. 그 역사는 이제 세대를 거듭하여 전해지고 우리는 그 고백 안에서 주님을 바라보며 주님을 향한 긴 여정을 걷고 있지 않는가? 이제부터 결과가 아닌 과정을 바라보도록 우리가 앞장서 성도들을 이끌어야 할 것이다.

주님의 것은 주께 드리라

"그러면 당신의 생각에는 어떠한지 우리에게 이르소서 가이사에게 세금을 바치는 것이 옳으니이까 옳지 아니하니이까 하니 예수께서 그들의 악함을 아시고 이르시되 외식하는 자들아 어찌하여 나를 시험하느냐 세금 낼 돈을 내게 보이라 하시니 데나리온 하나를 가져왔거늘 예수께서 말씀하시되 이 형상과 이 글이 누구의 것이냐 이르되 가이사의 것이니이다 이에 이르시되 그런즉 가이사의 것은 가이사에게, 하나님의 것은 하나님께 바치라 하시니 그들이 이 말씀을 듣고 놀랍게 여겨 예수를 떠나가

니라"(마 22:17-22).

바리새인들은 예수님을 함정에 빠뜨리려고 준비된 질문을 하였다. 이 질문의 함정은 어느 답도 할 수 없게 만들었다는 데 있다. 세금 바치지 말라 하면 로마 황제에 반역하는 자가 되고 반대로 세금을 바치라 하면 민족을 배신하는 자가 되기 때문이다. 무엇을 택해야 할까 하는 가장 두근거리는 순간에 예수님은 뜻밖에 세금 낼 돈을 가져오라고 하셨다. 그리고 그 데나리온 안에 들어 있는 형상을 지적하셨다. 그리고 가이사의 것은 가이사에게, 하나님의 것은 하나님께 바치라고 하셨다. 이 말씀은 너무 충격적이었다. 세금으로 내야 할 돈과 성전에 바쳐야 하는 돈 종류가 완전히 달랐기 때문에 반박할 말이 없었다.

맞다. 우리가 하지 못하는 결단이 하나님의 것을 하나님께 바치지 못한다는 데 있다. 왜 하나님의 것을 드리지 못하는가? 바로 우리 욕심이, 모두 내 것으로 하고자 하는 마음이 막고 있기 때문이다.

이는 아버지를 알지 못하는 탕자 이야기에 나오는 큰아들과 같다. 돌아온 둘째 아들을 기뻐하며 아버지가 큰 잔치를 베풀고자 하였다. 하지만 큰아들은 심통이 나 있었다. 자신은 그렇게 누려보지 못했다는 것이다. 그러자 아버지는 큰아들에게 말했다.

> "너는 항상 나와 함께 있으니 내 것이 다 네 것이야"(눅 15:31).

큰아들은 아버지의 소유 모두가 자신의 것이라는 말을 이해하지 못했다. 주님 역시 우리에게 말씀하신다. "나의 소유가 모두 너희의 것인데 왜 따로 챙기려 하는가!" 주님은 "염려하여 이르기를 무엇을 먹을까 무엇을 마실까 무엇을 입을까 하지말라. 이는 다 이방인들이 구하는 것이라 너희 하늘 아버지께서 이 모든 것이 너희에게 있어야 할 줄을 아시느니라"(마 6:31-32)고 하신다. 왜 아버지가 없는 아이처럼 움켜쥐려고 하는가? 이것은 마치 조그만 냉장고를 자신의 방에 둔 아이처럼 원하는 바를 자신의 냉장고에 넣고 내 소유라고 주장하는 것과 같다. 분명 그 음식이 부모님께 나온 것임에도 말이다. 하나님 안에서 내 소유라고 움켜쥐고자 할 때 하나님 없는 이방인처럼 딴 주머니를 차고 있는 것이다.

우리는 교인들에게 우리를 책임지시는 주님 안에서 주님의 것은 주님께 드릴 수 있는 마음을 가르쳐 행하게 해야 한다. 이것은 교회의 재정을 더욱 늘리는 방법이 아니다. 주님의 것을 주님께로 돌려드린다는 것은 부흥의 원리이다. 주님의 것을 온전히 주님께 드릴 수 있는 자가 주님을 인정하는 자가 되며, 그런 사람만이 주님의 거대한 은혜를 체험하고 주님의 뜻을 이루는 거대한 부흥의 길에 서 있을 수 있게 될 것이다.

은혜의 아궁이를 점검하라

"너희는 세상의 소금이니 소금이 만일 그 맛을 잃으면 무엇으로 짜게 하리요 후에는 아무 쓸 데 없어 다만 밖에 버려져 사람에게 밟힐 뿐이니라 너희는 세상의 빛이라 산 위에 있는 동네가 숨겨지지 못할 것이요 사람이 등불을 켜서 말 아래에 두지 아니하고 등경 위에 두나니 이러므로 집 안 모든 사람에게 비치느니라 이같이 너희 빛이 사람 앞에 비치게 하여 그들로 너희 착한 행실을 보고 하늘에 계신 너희 아버지께 영광을 돌리게 하라"(마 5:13-16).

우리는 주님께 받은 은혜를 사용해야 한다. 은혜만 받고 사용하지 않는다면 이스라엘에 있는 사해바다와 다름없이 무기력한 교인이 될 것이다. 주님께 받은 은혜는 생명수와 같은 은혜이다. 이는 살아 있는 은혜이다. 그래서 받은 은혜를 바로 사용하여 은혜가 흐르도록 해야 한다. 은혜가 흐르게 될 때 교회가 살고 교인이 살며 부흥하는 놀라운 은혜를 얻을 수 있게 될 것이다.

우리의 은혜 사용을 무엇으로 비교할 수 있을까? 나는 종종 아궁이에 비교한다. 아궁이는 방이나 솥 따위에 불을 때기 위하여 만든 구멍을 가리킨다. 옛날 시골집에 가보면 아직도 아궁이가 있는 집이 있다. 이 아궁이에 불을 땔 때 언제나 보면 그 위에 솥이 걸려 있음을 보게 된다. 이곳은 우리를 위한 유익한 도구가 된다. 이곳에서 우리는 물을 끓이기도 하고, 밥이나 국을 만드는 등 많은 음식을 해 먹을 수 있게 된다.

마찬가지로 말씀의 자재를 넣어 성령의 불을 붙여 태우면 분명 우리가 유익을 얻게 된다. 성령이 주시는 유익으로 행복하게 되기 때문이다. 그런데 성령의 불을 지폈는데도 사람들의 마음이 뜨겁지도 성령의 역사가 일어나지도 않는다면, 우리의 삶의 터전이 뜨거워지지 않는다면 분명 문제가 생긴 것이다.

불을 때는 사람이 가장 먼저 생각해야 하는 곳이 방의 구들장 밑에 나 있는 방고래이다. 방고래는 불길과 연기가 통하여 나가는 길로, 여기가 무너졌는지 살펴봐야 한다. 열기 통로인 이곳이 무너져 막혀 있다면 방은 결코 따뜻해지지 않는다.

만약 방고래가 무너지지 않았다면 다음으로 살펴봐야 하는 곳은 굴뚝이다. 굴뚝은 언제나 열려 있어야 한다. 굴뚝이 열려 있지 않으면 아무리 불을 때도 방은 차갑게 된다. 은혜의 원리도 동일하다. 우리의 은혜의 굴뚝이 세상으로 열려 있지 않으면 우리는 냉랭해진다.

만일 옛날 중세 시대처럼 우리만 높고, 우리만 좋다면 세상을 향한 은혜의 굴뚝이 막혀 있다고 할 수 있다. 우리 시대에 일부 교회들을 보면 부흥을 말하고 성령의 충만함을 말하는 데 오히려 교회가 무기력하고 문제가 있음을 보게 된다. 이는 구들이 무너졌거나 굴뚝이 막혀 버림으로 아궁이의 불이 꺼지거나 오히려 역으로 연기가 나오게 되는 것과 같다.

방고래를 따라 불길과 연기가 지나가야 방이 따뜻해진다. 그리고 이 연기가 굴뚝으로 흘러 세상에 나가야 한다. 이것은 은혜가 흘러가는 은혜의 통로로 이해할 수 있다. 만일 우리 욕심이 은혜가 흐르는 통로를 막는다면 결코 교회에서 온기를 찾을 수 없게 된다.

교회에 와서 예배만 드리고 간다면 이 역시 은혜가 흐르지 않는 것이다. 밥을 잔뜩 먹었으면 일을 하러 나가야 한다. 밥을 먹고 다시 누워 자면 살만 찌게 된다.

예배 가운데 은혜를 받았는가? 그렇다면 이제 일하러 나가야 한다. 예수님의 은혜를 들고 세상에 나가 전해야 한다. 불길은 붙었는데 그 뜨거움이 움직이질 않는다면, 세상으로 흐르지 않는다면 당신의 은혜의 방고래가 무너진 것이거나, 굴뚝이 막힌 것이다. 뜨거운 불길이 바깥으로 열려 있는 것은 낭비가 아니다. 오히려 이 불길을 살리는 길이다. 이 은혜의 불길은 세상으로 열려 있어야 한다.

우리의 역할은 교회에서 20%이면 세상에서는 80%이어야 한다. 은혜의 방향성이 세상으로 향해야 한다. 그것이 모두를 행복하게 만드는 부흥의 비결이다. 우리가 교회의 뜨거움을 경험하고 이룬 교회의 외적 성장에 세상이 놀라워했다. 이 뜨거운 은혜가 단지 교회 안에만 머문다면 이 은혜는 변질될 것이고 부흥은 멈출 것이다.

신앙생활이 재미가 없고 부흥이 안 된다면 받은 은혜가 멈춰 있기 때문이다. 그러므로 은혜를 어떻게 받을지가 아니라 받은 은혜로 어떻게 살 것인가가 더욱 중요하다. 우리는 주님의 뜻대로 제대로 살아야 한다. 이 주님의 뜻은 바로 생명을 살리는 삶이다. 우리 신앙의 자리는 세상이어야 한다. 그곳에서 은혜를 소진하고 세상을 살려야 한다. 우리는 주님의 증인이 되어 주님이 역사할 수 있도록 통로를 열어야 한다. 이것이 바로 세상의 빛으로서의 삶이라 할 수 있다.

은혜를 흘려보내라

"하나님이 능히 모든 은혜를 너희에게 넘치게 하시나니 이는 너희로 모든 일에 항상 모든 것이 넉넉하여 모든 착한 일을 넘치게 하게 하려 하심이라"(고후 9:8).

예배에 관해서 만큼 나는 융통성을 부리지 않는다. 사람들은 말한다. 명절이면 좀 쉬지 그러냐고 말이다. 누구나 다 쉬는 날인데 뭐 그렇게 고집스럽게 그러냐고 한다. 하지만 나는 목회하면서 예배를 드리는 것에 타협하지 않았다. 코로나 팬데믹으로 예배를 드릴 수 없는 비상 상황이 닥쳤을 때도 나는 교회 예배를 멈추지 않았다.

나는 예배를 생명처럼 여기고 한 번도 세상과 타협하지 않았다. 절기 때문에 예배를 멈춘 적이 없고 방학이라고 쉰 적이 없다. 너무 고지식하고 답답하다고 할 수 있다. 나는 예배만큼은 교인들의 사정을 봐주지 않는다. 주님이 우리의 필요를 채워 주시는 그 은혜를 누리게 하고 싶기 때문이다. 주님께 드리는 시간과 물질은 결코 낭비가 아니다. 주님께 드리면 주님은 새로운 것으로 우리를 채워 주신다.

산 밑에 있는 작은 웅덩이를 보라! 10년, 100년이 지나도 그 물은 마실 수 있는 물이다. 그 이유는 흐르는 물에서 찾을 수 있다. 비록 작은 웅덩이지만 물이 끊임없이 흐른다. 반대로 고여 있는 웅덩이 물은 썩는다. 흐르지 않기 때문이다. 이 물은 사람들이 마실 수 없다. 흘려보내고 새로운 물이 계속 들어와야 웅덩이 물은 마실 수 있다.

이처럼 우리도 새로운 은혜가 들어왔다고 기뻐하고 그 은혜를 우리 안에만 간직하려고 애써서는 안 된다. 오히려 그 새로운 은혜를 힘써 흘려보내야 한다. 그럴 때 그 은혜는 썩지 않는다. 은혜를 흘려보내는 것이 아까운가? 아니다. 우리에게는 하나님이 계신다. 하나님은 우리가 은혜를 아래로 흘려보낼 때 더 큰 은혜로 채워 주신다. 이 은혜를 맛볼 때 우리는 주저하지 않고 은혜를 흘려보내고 소진하게 된다.

교회는 성도들이 은혜를 경험하게 할 뿐 아니라 이 은혜를 세상에 나가 다 사용하여 소진하게 만들어야 한다. 그럴 때 성도는 강한 병사가 되어 세상에서 승리하게 된다.

내가 사역하고 있는 온천중앙교회는 90년 넘는 역사 가운데 부흥의 시기도 있었지만, 그 부흥을 제대로 유지하지 못했다. 그 이유는 다양할 수 있지만 그중 하나는 교인들이 받은 은혜를 세상에 흘려보내지 못했기 때문이라고 생각한다. 성경을 보면 베드로가 사람들에게 이렇게 말한 부분을 볼 수 있다.

> "이스라엘 사람들아 이 일을 왜 놀랍게 여기느냐 우리 개인의 권능과 경건으로 이 사람을 걷게 한 것처럼 왜 우리를 주목하느냐"(행 3:12).

성전 미문에서 구걸하던 사람이 베드로가 "나사렛 예수 그리스도의 이름으로 일어나 걸으라"는 말과 함께 그를 일으켰을 때 곧 힘을 얻어 뛰어 서서 걷고 성전으로 들어가 하나님을 찬양하였다(행 3:6-8). 사람들이 너무 놀라 모두 모였다. 이때 베드로가 그들을 향해 한 말이다. 베드로 개인의 능력이 아니라 예수로 말미암아 난 믿음이 이렇게 낫게 하였다는 것이다. 부흥도 마찬가지다. 주님이 하시는 거다. 내 개인의 능력과 권능으로 이루는 것이 아니다. 주님을 섬기며 온전히 집중할 때 그리고 그 받은 은혜를 세상에 흘려보낼 때 교회는 당연히 부흥한다. 예수님의 이름으로 선언할 때 교회는 당연히 부흥한다. 기이한 일이 아니다. 방송에 나와 흥분하여 이야기할 문제가 아니다. 자랑거리라고 할 수 없다. 당연히 주님이 하시는 일이기 때문이다. 우리는 마냥 어린아이처럼 기뻐하면 된다.

3부
부흥을 위한 실천

부흥을 꿈꾸라

"소망의 하나님이 모든 기쁨과 평강을 믿음 안에서 너희에게 충만하게 하사 성령의 능력으로 소망이 넘치게 하시기를 원하노라"(롬 15:13).

부흥이란 단어는 다시 소성하게 한다는 의미로, 하나님의 뜻이 다시 살아난다는 것으로 해석할 수 있다. 이를 반영하면 부흥이란 예수님으로 인해 우리에게 허락된 하나님의 뜻이 우리 안에 다시 회복되어 살아난다는 의미가 된다.

사도 바울의 부흥의 주체는 예수님이시고 부흥의 기초는 '믿음 안에' 있음을 알 수 있다. 우리가 하나님을 믿고, 부흥의 주체인 예수 그리스도의 말씀이 우리 안에 있어 부흥을 잉태하게 되어, 그 말씀이 성령의 능력으로 온전히 순종할 때 부흥은 시작된다.

우리가 부흥을 꿈꾸고 소망해야 할 이유는 주님의 뜻이 이 땅에서 우리를 통해 이루어지기 때문이다. 아버지의 뜻이 이 땅에 이루어지기를 바라는 내용이 주님이 가르쳐 주신 기도이며 이것이 부흥이다. 그러므로 우리는 부흥을 꿈꾸며 부흥이 우리를 통해 이루어지기 위해 행해야 한다. 우리에게 임한 하나님의 뜻을 우리가 바라지 않으면 부흥은 이뤄지지 않는다. 또한 부흥의 꿈을 포기한 자에게 부흥은 주어지지 않는다.

주님을 믿음으로 삶이 바뀐다는 소망의 메시지를 들은 나는 꿈을 꾸게 되었고, 그 꿈을 따라 목회자의 길에 들어서게 되었다. 이 길에서 나는 주님의 뜻을 찾아 전하는 것이 꿈을 이루는 일이요, 그 구체적인 행동이 주님의 꿈인 부흥임을 알게 되었다. 하지만 부흥을 꿈꿨던 나의 여정은 순탄치만은 않았다. 주의 꿈을 이루기 위해 기도하던 나에게 주어진 새로운 부임지가 오랜 세월 침체기에 있던 온천중앙교회였기 때문이다.

교회는 예수님을 잃어버린 사람들처럼 목자 없는 양처럼 오랜 다툼과 분열로 아픔과 상처가 깊어 회복하기 어려운 모습이었다. 누가 봐도 부흥을 기대할만한 교회가 아니었으며, 목회적으로도 감동되지 않는 교회였다. 기도하면 주님은 나에게 온천중앙교회로 가라고 하셨고, 나는 자신이 없어서 망설였다. 그러던 중 나에게 교회를 방문할 기회가 주어졌고 교회 입구에 들어서던 나에게 갑자기 환상이 보였다. 하늘에 구멍이 난 것처럼 비가 쏟아지고 있는데, 양철 지붕 같은 짧은 처마 밑에 강아지 한 마리가 앉아 있었다. 전혀 비를 피하지 못한 채 많은 비를 맞으며 추위에 떨고 있었다. '아! 이 강아지가 교회의 모습이로구나'하는 생각이 들자 들어가지 않고 바로 돌아와서 정말 갈 수 없다고 기도하였다. 그러자 주님은 나에게 언제나 함께하겠다는 약속과 함께 내가 왜 여호와인지 보여 주겠다는 말씀으로 힘을 주셨다.

환상 중에 나타난 비를 맞아 추위에 떨고 있는 강아지는 마치 목자 없는 양과 같은 모습처럼 보였다. 누구에게도 보호받지 못하는, 미래를 꿈꾸지 못하는 그들을 위해 주님은 주님의 이름으로 위로하고 치유하며 회복시킬 것을 명하셨다. 처음 만난 장로님들도 함께 주님을 위해 생명을 걸기로 마음을 모아 주셨고, 오직 부흥의 주체이신 예수님을 바라보고 신뢰함으로 부흥을 꿈꾸게 되었다. 부흥은 꿈꾸는 자에게 주어진다. 우리가 부흥을 꿈꾸지 않으면 아무것도 할 수 없다. 부흥을 꿈꾸고 소망하라.

부흥을 실행하라

"무릇 내게 오는 자가 자기 부모와 처자와 형제와 자매와 더욱이 자기 목숨까지 미워하지 아니하면 능히 내 제자가 되지 못하고 누구든지 자기 십자가를 지고 나를 따르지 않는 자도 능히 내 제자가 되지 못하리라 너희 중의 누가 망대를 세우고자 할진대 자기의 가진 것이 준공하기까지에 족할는지 먼저 앉아 그 비용을 계산하지 아니하겠느냐 그렇게 아니하여 그 기초만 쌓고 능히 이루지 못하면 보는 자가 다 비웃어 이르되 이 사람이 공사를 시작하고 능히 이루지 못하였다 하리라"(눅 14:26-30).

누구나 부흥을 생각하고 마음에 둘 수는 있지만 부흥을 제대로 알고 행하지 않으면 부흥을 경험할 수 없다. 우리는 잘 듣고 행해야 한다. 잘 듣는 것에 구체적인 하나님의 방법이 있다. 무턱대고 덤볐다가 금방 쓰러지거나 지쳐 포기할 수 있다. 주님은 우리에게 전략을 갖고 행동하기를 요청하신다(눅 14:28).

첫째, 선포하라.

부흥을 위해 실천해야 할 첫 번째는 선포이다. 부흥은 예수님으로 인해 이루어지는 것이다. 아무리 상황이 어렵고 어두워도 빛이신 예수님으로 인해 다시 회복할 수 있음을 교회에 먼저 선포하였다. 부흥은 오직 예수님을 통해 이루어진다. 반복적으로 이러한 사실을 교회에 알려 온 교인으로 하여금 부흥의 근거인 예수님을 바라보게 해야 한다.

부흥은 감정적인 동요를 일으키는 선전 문구가 아니다. 현수막을 내걸고 행사를 하며 부흥을 말한다고 이루어지지 않는다. 부흥은 오직 예수 그리스도를 통해 이루어지기 때문이다. 우리는 예수 그리스도를 통해 부흥이 이루어진다고 선포해야 한다.

내가 부임한 온천중앙교회는 오랜 세월 동안 침체를 겪은 교회였다. 예수님을 향한 시선이 흐려지고 영적 은혜가 약해지니 서로 자기의 주장만 가득하게 되었다. 지도자에 대한 불신과 교회의 조직보다는 사조직이 주류가 되었고, 서로 간에 불편함이 생기게 되었으며, 그 결과 교회는 다툼으로 갈라지는 아픔을 경험하기도 하였다. 하나님을 알지만 하나님의 영광보다 자신의 이익을 이야기하고, 미래에 대한 꿈보다는 소모적인 일에 긴 시간을 낭비하기도 하였다. 그럼에도 주님의 교회임이 분명하고 그 안에서도 부흥을 꿈꾸고 기도하는 이들이 있다고 믿었다.

나는 교회 안에 드러나지 않은 부흥의 불씨를 가지고 있다고 생각하고 교회에 새로운 부흥의 바람이 일어날 것을 분명히 믿고 기대하였다. 그래서 나는 교회에 '새로운 중앙인을 찾습니다'라는 현수막을 걸고 새로운 부흥을 꿈꾸는 자들이 되자고 선포하였다. 이것은 주님의 꿈인 부흥을 이루는 일을 꿈꾸는 자들을 세우고자 함이었다. 나는 교회의 선포로 역사하시는 주님을 발견하고, 부흥을 확신하기를 소망하였다. 주님은 우리 교회가 거듭나 부흥하기를 바라셨다. 이것이 바로 주님의 꿈이었다. 나는 교회에서 하나님의 꿈인 부흥을 이루겠다고 선언하였다.

둘째, 위로하고 치유하고 회복시키라.

부흥을 위해 설천해야 할 두 번째는 위로와 치유와 회복이다. 위로와 치유와 회복은 성도들이 부흥을 향해 달려가게 하는 가장 중요하고도 직접적인 원인이 되기 때문이다. 성도들은 위로와 치유와 회복을 통해 주님의 부흥을 체험하게 된다.

처음 내가 주님께 온천중앙교회에 보내신 이유를 여쭈었을 때 주님은 내 이름으로 위로하고 치유하며 회복시켜 주라고 말씀하셨다. 나는 그때 이해할 수 없었다. 내가 어떻게 그들을 위로하고 치유하며 회복시킬 수 있을까? 내 능력으로는 불가능하였다. 하지만 나의 고민은 인간적인 어리석음이라 할 수 있다. 주님이 나에게 명하신 건 세상적인 방법의 위로와 치유와 회복이 아니었기 때문이다. 바로 주님의 이름, 성령의 능력으로 위로하고 치유하고 회복시키라는 의미였다. 이것이 바로 부흥을 체험하게 되는 직접적인 접촉점이 된다. 세상적인 다독거림이나, 잘했어라는 위로는 일시적인 위안만을 줄 뿐 진정한 해결책이 되지 못한다. 예수님의 이름은 모든 상처받은 자의 위로가 되고, 그 기도와 선포는 억눌림 받은 자에게는 놓임이, 질병으로 고통받는 자에게는 치료와 회복이 되었다. 그 위로와 놓임 그리고 치료와 회복이 바로 부흥이자 부흥의 조건임을 알게 되었다. 오직 예수님의 이름으로 선언됨으로써 부흥의 과정이 시작되었으며, 오직 예수님의 이름으로 선포하고 행할 때 위로와 놓임이, 그리고 치유와 회복이 나타나게 되었다. 성도들은 이 은혜를 목격하며 부흥을 체험하였고 드디어 부흥을 향해 나아가게 되었다.

셋째, 설교하라.

부흥을 위한 실천 세 번째는 설교이다. 성령에 감화된 목회자의 설교는 성도로 하여금 부흥을 기대하게 하고 부흥으로 나아가게 한다. 우리가 부흥을 확신하며 설교할 수 있는 이유는 부흥을 이루시는 분이 바로 주님이시기 때문이다. 설교는 말씀이 임하게 하는 통로이자 하나님 나라가 임하게 하는 통로이다. 설교는 부흥의 가장 강력한 무기이다. 하지만 능력과 지식과 재능만으로 할 수는 없다. 오직 주님께 붙들려 부흥을 사모하는 간절한 마음이 따라야 한다. 이렇게 설교할 때 성령께서 역사하심을 경험하게 된다. 그렇기 때문에 나는 언제나 기도한다.

"하나님 아버지와 예수 그리스도의 종된 나 최문기는 온천중앙교회 목사로 부름을 받아 오직 주님의 말씀의 대언자가 되게 하소서. 사람을 바라보는 설교자가 아닌 오직 주님의 마음을 품고 하나님 나라를 선포하는 통로자이자 선포자가 되게 하소서."

나의 설교 주제는 예수님이었다. 교회에 부임하고 4년 동안 거의 대부분 예수님에 대한 설교를 하였다. 교회가 어려운 것도 교인들의 신앙이 무기력한 것도 결국 그들 안에 예수님이 없어졌거나 약해졌기 때문이라 생각했다. 예수님의 자리에 예수님이 안 계시니 결국 인간적인 생각과 마음이 지배하게 되고 그러니 결국 부흥은 기대할 수도 볼 수도 없었을 것이다.

예수님에 대한 선포는 그들의 기도와 찬양이 살아나고 삶이 달라지는 변화를 불러왔으며 놀라운 부흥의 출발점이 되었다. 희망 없는 교회는 없다. 단지 예수님의 말씀이 뿌려지지 않았기 때문에 교회의 밭이 척박하고 농사를 짓기에 어려웠을 뿐이다. 씨를 뿌리는 것이다. 예수님의 말씀의 씨를 계속 뿌리니 메마른 땅에 생기가 돋고 싹이 나고 꽃을 피우기 시작하였다. 나는 정치도 경제도 사회도 잘 모르는 바보 목사이다. 나는 오직 예수님만 아는 목사라고 스스로 말한다. 그래서 강단에서 오직 예수님에 대한 이야기만 전한다고 하고 그렇게 목회를 하였다. 부흥은 예수님이 이루시는 것이다. 나는 단지 예수님을 전하는 설교자일 뿐이다. 베드로나 사도들이 말한 것처럼 목회자는 기도와 말씀에 전념해야 한다. 오직 주님이 하신다는 확신 가운데 예수님을 전하고 기도할 때 목회자는 주님의 나라가 임하게 하는 통로자가 될 것이다.

넷째, 조직하고 관리하라.

부흥을 위한 실천 네 번째는 조직과 관리다. 조직은 목표를 달성하기 위해 계획을 세우고 실행하며 그 결과를 평가하는 데 사용된다. 그리고 우리는 이런 활동을 경영 혹은 관리라고 한다. 이 조직과 관리는 특별한 단체에 국한되지 않는다. 주님의 일을 하기 위해서는 분명 사람을 세우고 필요한 적재적소에 배치해야 한다. 그뿐 아니라 계획을 세워 실행하며 그때그때 평가하고 관리해야 한다. 그렇지 않으면 주님의 일을 온전히 할 수 없게 된다. 하나님께서도 광야에서 이스라엘 백성들을 인도하실 때 조직을 세워 규율에 따라 목적지까지 인도하셨다. 조직과 관리 없는 계획으로는 목표한 목적을 이룰 수 없게 된다.

내가 부흥에서 조직과 관리를 강조하는 이유는 결국 하나님 나라의 일은 은혜 받은 자들이 하는 일이기 때문이다. 하나님께 특별히 사랑받는 자라 할지라도 제대로 훈련하고 관리하여 필요한 곳에 사용되도록 하지 못한다면 결국 그들은 부흥의 한 부분이 될 수 없다. 우리는 존 웨슬리의 조직과 관리를 위대하게 평가한다. 사람을 세우고 관리하는 일뿐 아니라 교회 부흥을 위해 사람을 세우는 일에도 탁월했기 때문이다. 이러한 그의 능력은 감리교를 체계화하고 사람을 세워 복음을 전 세계에 전하는 일에서 크게 발휘되었다. 부흥을 위해서는 사람을 세워 다음 사람에게 이어지게 하는 게 가장 중요하다.

사도 바울도 디모데에게 다음과 같이 말하였다.

> "많은 증인 앞에서 내게 들은 바를 충성된 사람들에게 부탁하라 그들이 또 다른 사람들을 가르칠 수 있으리라"(딤후 2:2)

조직과 관리에서 잊어서는 안 될 중요한 사항은 사람을 세우는 일이다. 예수님께서 제자를 세우심과 같이 예수님의 말씀을 가르치고 행하게 하도록 훈련하고, 그 훈련된 사람들을 또 다른 사람을 위해 헌신하도록 조직하고 관리해야 한다. 조직과 관리는 큰 건물을 짓는 데 설계도를 그리는 것과 같다. 전체를 기획하고 필요한 부분에 구조물을 세우고 연결하여 건물을 단단하게 해야 한다. 그렇게 할 때 부흥은 견고하여 오랫동안 지속되고 확장될 것이다.

다섯째, 증명하라.

부흥을 위한 다섯 번째는 증명이다. 증명은 성도들에게 부흥을 재생산하는 근거가 된다. 부흥의 재생산을 위해서는 반드시 부흥의 증명이 있어야 한다. 하나님의 나라는 말에 있지 아니하고 오직 능력에 있다(고전 4:20). 부흥은 성도들을 유창한 말로 현혹하는 거짓이 아니다. 우리가 부흥을 확신할 수 있는 이유는 부흥을 직접 목격하고 보여줄 수 있다는 것이다.

목회자는 삶으로 하나님이 우리 가운데 역사하셨음을 증명해야 한다. 부흥을 경험한 성도들의 고백은 부흥을 더욱 간절하게 하고 두근거리게 한다. 부흥은 전이가 된다. 부흥은 이론이 아니다. 부흥을 경험한 사람들을 만나고 경험된 고백을 듣는 순간 누구라도 부흥에 붙들리게 된다. 만일 성도들이 부흥을 증명하여 서로 고백하고 나누게 된다면 부흥은 교회 안에서 거대한 불길이 되어 성도들을 뜨겁게 타오르게 할 것이다. 이 증명은 성도들의 가정에서, 직장에서, 교회에서 나타난 변화된 성령의 증거로 확증될 수 있다. 목회자는 뜨거운 마음으로 부흥의 증거들을 나눌 수 있는 나눔의 장을 열어 서로 고백할 수 있도록 해야 할 것이다.

모교회를 세우라

"이르시되 너희는 나를 누구라 하느냐 시몬 베드로가 대답하여 이르되 주는 그리스도시요 살아 계신 하나님의 아들이시니이다 예수께서 대답하여 이르시되 바요나 시몬아 네가 복이 있도다 이를 네게 알게 한 이는 혈육이 아니요 하늘에 계신 내 아버지시니라 또 내가 네게 이르노니 너는 베드로라 내가 이 반석 위에 내 교회를 세우리니 음부의 권세가 이기지 못하리라"(마 16:15-18).

부흥은 주님의 뜻이다. 하나님은 그 부흥을 교회를 통해 이루신다. 무너진 교회를 일으켜 다시 하나님의 백성을 모으시고 그들로 하나님을 경배하게 하고자 하신다. 교회가 복음으로 하나되어 강건해질 때 그 교회로부터 부흥이 퍼지게 된다. 바로 교회가 부흥의 중심이 되어야 하는 것이다.

온천중앙교회에 부임하게 되었을 때 내가 갖고 있던 마음의 짐은 주님이 나를 부르신 그 부름이 무엇인가였다. 나는 예수님의 이름으로 위로하고 치유하고 회복하는 것을 꿈이 아닌 과정이라 믿었다. 그러하기에 나는 이 교회를 향하신 주님의 뜻이 무엇인가를 위해 기도했다. 하나님은 새벽 예배를 마친 후 홀로 기도하는 시간에 큰 은혜와 힘을 주셨다. 막 떠오른 태양 빛이 창 가득히 차올랐지만 교회 안은 깊은 밤처럼 캄캄하였다. 의자에 앉아 '주여'하고 외쳤더니 순간 한줄기 빛이 교회 안에 비쳐지는 모습을 보며 나는 그것을 나에게 하나님의 손길이 머문다는 표시로 느꼈다. 나는 더 간절히 주님께 기도하였다. 그때에 하나님은 내게 교회를 바라보시는 예수님의 모습과 교회 바닥을 눈물로 적시는 할머니들의 기도하는 모습을 보여 주셨다. 그렇다. 주님이 바라보시고, 기도하는 이가 있는 이 교회는 망하지 않을 것이라는 확신을 가졌다.

이때부터 나는 강한 확신 가운데 이 교회는 분명 부흥하게 될 것이라고 믿었다. 그런데 그 부흥을 이루기 위해서는 이 교회를 향하신 하나님의 뜻을 아는 일이 중요했다.

그런 일로 고민하고 기도하던 중 아산 초교파 목회자 모임에 처음 참여를 했는데, 목사님들은 나를 아산의 모교회 목사라고 소개하였다. 상황적으로는 모교회로서 역할을 할 수 없는 교회였는데, 그 모교회라는 소리가 내 가슴을 두근거리게 하였다. 모교회라…주님이 모교회라는 이름을 받기에 충분하지 못할지라도 그 모교회라는 이름을 허락하시고 불리게 하고 계셨던 것이다.

나는 우리 교회에 대한 주님의 뜻이 '모교회로구나'하고 확신하게 되었다. 그래서 '위로하고 치유하고 회복하게 하라는 것이구나'라고 깨닫게 되었다. 하나님은 분명 내가 섬기는 교회에 큰 꿈을 보여 주셨다. 어머니 교회였다. 모교회가 되게 하기 위해 하나님은 교회를 다시 세우시기를 원하셨고 다시금 복음의 찬란한 빛을 내기를 원하셨다. 하나님은 이제 우리 교회가 복음이 중심이 되는 교회를 넘어 사람을 세우고 지역을 품어 살리는 생명력 넘치는 교회로, 그리고 지역뿐만 아니라 나라를 세우고 세계를 주님의 품으로 이끄는 교회인 모교회가 되기를 원하셨던 것이다.

우리 교회는 모교회라는 꿈을 이루어 부흥하는 교회가 될 것이다. 아산을 넘어 충청 그리고 전국과 세계를 품는 교회가 될 것이다. 이것이 교회의 부흥이다. 부흥을 소망하는 모든 교회는 그 교회를 향하신 주님의 뜻을 알아야 한다. 그것은 우리 교회뿐 아니라 지역과 사회 그리고 나라와 세계를 살리는 기초가 되기 때문이다. 주님은 우리가 복음을 전하는 모교회가 되기로 선언하고 그 뜻을 향해 나아갈 때 가장 크게 기뻐하실 것이다.

거룩한 봉헌을 드려라

"그러므로 형제들아 내가 하나님의 모든 자비하심으로 너희를 권하노니 너희 몸을 하나님이 기뻐하시는 거룩한 산 제물로 드리라 이는 너희가 드릴 영적 예배니라"(롬 12:1).

우리 교회를 향하신 주님의 뜻을 알고 그 뜻을 이루는 것이 부흥이라 한다면 그 부흥을 위해서는 반드시 대가를 지불해야 한다. 우리 교회가 모교회가 되고, 성도들이 모교회 성도들이 되기 위해서는 우리가 주님을 위해 드리는 거룩한 봉헌이 있어야 한다고 믿었다. 단순한 대가가 아닌 하나님이 받으실 만한 봉헌을 드리지 않고는 부흥을 이룰 수 없기 때문이다.

나는 온천중앙교회를 맡게 되었을 때 성도들이 거룩한 봉헌에 직접 참여할 수 있는 다양한 헌신을 준비하였다.

첫째는 거룩한 봉헌이라는 프로그램이다. 성도들은 고난주간에 모교회로서 지역 교회와 목회자를 섬기기 위한 특별 새벽기도를 드리며 모든 성도들이 힘써 헌금을 한다. 이 봉헌된 헌금은 원로목사 접대와 비전교회 목회자 건강진단, 비전교회 후원, 지역 섬김에 사용되었다. 성도들은 봉헌된 헌금이 하나님을 기쁘시게 하고, 그 일에 참여한 성도들이 감동으로 은혜가 흘러감으로써 더욱 풍성하게 된다는 사실을 알게 되었다. 이 거룩한 봉헌은 부흥의 또 다른 모습이었다.

둘째는 해피봉사부다. 해피봉사부는 비전교회를 선정하여 일 년에 2-3번까지 리모델링을 하는 섬김 사업이다. 일정은 길게는 5일, 짧게는 3일 정도로 잡는다. 남선교회 주축으로 헌신을 하는데, 교회 외부 및 내부, 강단과 엠프, 그리고 사택 등 교회 전반에 걸쳐 필요한 부분을 수리한다. 이는 모교회의 역할의 한 부분이다. 모교회란 섬기고 수고하여 교회와 목회자를 세우는 교회이다. 헌신은 시간이 있거나 여유가 있어서 행하는 것이 아니다. 요즘 성도들은 언제나 바쁘다. 성도들은 매일의 생계를 책임져야 하기 때문에 일주일에 한 번 교회에 출석하는 것도 힘들어 한다. 목회자 입장에서는 피곤해하는 성도를 배려하는 게 옳게 보일 수 있다. 그러나 진정한 회복은 오직 주님에 의해서만 가능하고, 그 회복의 방법은 예수님의 방법을 통해서 뿐이다. 거룩한 봉헌으로 할 수 없는 가운데 헌신을 드리는 일이다.

 해피봉사부는 하나님의 교회를 우리의 교회, 나의 교회로 만드는 통로가 되었다. 무엇을 해도 돈으로 하는 섬김을 하지 말고 우리가 직접 땀과 헌신을 통해 드리는 섬김이 모두를 봉헌에 이르게 하였다. 교회 건축도 마찬가지다. 성도들에게 교회의 기초와 틀 외에 모든 것을 우리 손으로 지어보자고 제안하였다. 성도들은 모두 믿음으로 아멘하였고, 직접 디자인을 기획하였고 모르는 기술은 현장에서 배웠다. 나무를 재단하고 자른 후 함께 땀을 흘리며 하나씩 만들어갔다. 어느덧 성도들 손은 거칠어졌고 새까매졌다. 직장을 다녀온 후 저녁에 모여 회의를 하고 밤늦도록 쿵쾅거리는 소리가 그칠 줄 몰랐다. 무거운 자재를 직접 나르고 접착재를 바르고 붙이는 일련의 수고를 아끼지 않았다. 물론 전문가가 볼 때 우리의 모습은 부족할지 모른다. 그러나 교회를 지어가는 우리들에게 하나님은 성령으로 지혜와 재능을 주셨고, 그 일로 인해 교회는 완성되어 갔다. 우리는 하나님이 기뻐하시는 일이라면 무엇이든지 하였고, 교회를 세우고 목회자를 세우는 일에도 힘써 참여하였다. 그런 해피봉사부는 부흥의 통로가 되었다.

그렇다고 우리의 출발이 거창했던 건 아니다. 도울 수 있는 비전교회를 선정해 그들의 필요를 확인한 후 우리가 할 수 있는 일들로 시작되었다. 다녀올수록 우리의 믿음과 사랑의 마음은 커져 갔다. 늘 일을 마치고 돌아올 때마다 아쉽고 미안한 마음으로 온다. 참여하는 모든 회원은 직업 전선에 있다 힘써 시간을 내었다. 간식을 먹을 시간도 아까워 서서 간식을 먹고 일을 하기도 하였다. 그러나 언제나 설렘과 기대감으로 그리고 마칠 때면 행복함으로 노래를 부른다. 성도들은 직접 헌신에 참여함으로써 주님께 거룩한 봉헌을 드릴 수 있었다. 이처럼 성도들이 스스로 거룩한 봉헌을 드리게 될 때 주님의 복음은 더 크게 퍼지고 교회는 더욱 크게 부흥될 것이다.

체험 세대를 살려라

"오직 너는 스스로 삼가며 네 마음을 힘써 지키라 그리하여 네가 눈으로 본 그 일을 잊어버리지 말라 네가 생존하는 날 동안에 그 일들이 네 마음에서 떠나지 않도록 조심하라 너는 그 일들을 네 아들들과 네 손자들에게 알게 하라 네가 호렙 산에서 네 하나님 여호와 앞에 섰던 날에 여호와께서 내게 이르시기를 나에게 백성을 모으라 내가 그들에게 내 말을 들려주어 그들이 세상에 사는 날 동안 나를 경외함을 배우게 하며 그 자녀에게 가르치게 하리라 하시매"(신 4:9-10).

부흥은 멈추면 안 된다. 다음 세대로 이어져야 한다. 하나님께서 가나안 땅으로 들어가기에 앞서 이스라엘 백성들을 향해 주셨던 명령은 자녀들을 향한 신앙 교육이었다. 광야에서 하나님의 역사들을 직접 목격하였음에도 이를 아들들과 손자들에게 알려 주지 않는다면, 그들의 체험인 하나님의 뜻을 전달해 주지 않는다면 분명 후손들은 하나님을 잊어버리게 될 것이기 때문이다. 이것을 기억한다면 복음의 역사인 부흥이 지속되기 위해서 우리는 다음 세대인 체험 세대에 주의를 집중해야 한다.

1세대는 과거에 하나님을 경험한 사람들을, 2세대는 현재 하나님을 경험하고 있는 사람들을 가리킨다. 그리고 3세대는 부모로부터 이야기를 들었지만 깊은 경험에 이르지 못한 자들을, 4세대는 신앙의 부모도 있고 교회에 다니지만 무관심한 자들을 가리킨다. 이 기준으로 본다면 현대 교회는 대부분 3세대와 4세대가 주를 이룬다고 볼 수 있다. 교회가 복음의 중심인 부흥에 있기 위해서는 전 교인이 주님을 만난 체험 세대가 되어야 한다. 주님을 경험하지 못한 세대가 주를 이루게 되면 교회는 정체되고 차갑게 식어 버리고 말 것이다.

'백성이 여호수아가 사는 날 동안과 여호수아 뒤에 생존한 장로들 곧 여호와께서 이스라엘을 위하여 행하신 모든 큰일을 본 자들이 사는 날 동안에 여호와를 섬겼더라'(삿 2:7)고 한다. 많은 대가를 지불하고 받은 약속의 땅이다. 그러나 그 체험한 사람들이 있는 동안만 하나님을 섬겼다고 한다. 지금 우리도 뜨거운 마음으로 하나님을 경험하고 부흥을 경험한 세대가 사라지고 있다. 그 체험한 세대를 살려야 한다. 그들이 살아야 3세대와 4세대가 산다. 신앙은 이론이 아니라 체험에서 체험으로 연결되어야 한다.

부흥이란 체험세대를 살려야 희망이 있다. 교회에 다음 세대가 허락되지 않는 이유도 우리가 다음 세대를 맡을 만한 믿음이 없어서가 아닐까 생각한다. 소돔과 고모라를 살릴 의인 열명처럼 이 민족을 살릴 하나님을 체험한 세대를 회복해야 한다. 그들의 체험을 다음세대에 공유하게 해야 한다. 부흥을 위해서는 체험 세대를 살려야 한다. 부모들과 교사들 그리고 성도들은 다음 세대에도 복음이 전달될 수 있도록 은혜의 기억을 전하고 그들이 직접 체험할 수 있도록 인도해야 한다.

여기서 중요한 사실은 체험자는 스승이며 인도자이다. 이들은 다음 세대의 모든 삶의 해석자이다. 해석자란 신앙의 경험자로서 주님의 은혜를 가르치고 새로운 해석을 통해 하나님을 경험할 수 있도록 돕는 자를 의미한다. 해석자는 하나님께서 어떻게 임하셨는지를 자신의 경험을 통해 보여 주고 증명할 수 있게 된다. 이처럼 해석자가 교회에, 교회 학교에, 가정에 있게 될 때 주님을 알지 못했던 3세대와 4세대는 체험 세대로서 굳건히 서게 될 것이다.

해석자는 또한 다음 세대와 함께 신앙의 추억을 만들어야 한다. 교회에 출석해 습관적으로 아이들을 교육 부서에 보내는 게 아니라 교사로서 부모들이 함께 참여하여 그들에게 믿음의 추억을 나누고, 주님을 만나도록 인도해야 한다. 이와 같은 경험은 다음 세대가 세상에 나가 힘들고 어려울 때 다시 주님께 돌아올 수 있는 근거이자 믿음의 자리가 되어 줄 것이다.

신앙의 추억을 만들라

"하나님이 야곱에게 이르시되 일어나 벧엘로 올라가서 거기 거주하며 네가 네 형 에서의 낯을 피하여 도망하던 때에 네게 나타났던 하나님께 거기서 제단을 쌓으라 하신지라 야곱이 이에 자기 집안 사람과 자기와 함께 한 모든 자에게 이르되 너희 중에 있는 이방 신상들을 버리고 자신을 정결하게 하고 너희들의 의복을 바꾸어 입으라 우리가 일어나 벧엘로 올라가자 내 환난 날에 내게 응답하시며 내가 가는 길에서 나와 함께 하신 하나님께 내가 거기서 제단을 쌓으려 하노라 하매"(창 35:1-3).

하나님을 경험한 추억을 우리의 삶에 만들어 가는 것이 부흥의 확장이다. 하나님에 대한 추억이 중요한 이정표가 되기 때문이다. 하나님은 위기 가운데 있던 야곱에게 벧엘로 올라가 거주하며 거기서 제단을 쌓으라고 명령하셨다. 특별히 벧엘은 야곱에게 신앙의 추억이 깃든 중요한 장소였다. 그가 형 에서의 낯을 피하기 위해 도망하던 중 그곳에서 하나님을 만났기 때문이다. 그는 그곳에서 하나님을 만나 언약을 받은 후 자신이 베개로 삼았던 돌을 가져다 기둥을 세워 그 위에 기름을 붓고 그곳을 벧엘이라 불렀다(창 28:10-19). 하나님은 절대절명의 위기에 빠진 야곱에게 벧엘을 지목하심으로써 그가 하나님께 받았던 은혜와 언약을 상기시키고자 하셨던 것이다. 야곱은 이 부름에 믿음으로 반응하여 하나님 앞에 나아갔다.

교회가 성도들에게 신앙의 추억을 만들어 주어야 하는 이유도 이와 같다. 성도들이 교회를 통해 주님을 만난 신앙의 추억을 갖게 된다면 아무리 어려운 일을 만나도 곁길로 새지 않고 다시 교회로 나와 주님을 찾게 될 것이다.

교회는 또한 성도들에게 신앙의 추억을 제공하는 신앙의 고향이 되어야 한다. 교회를 통해 성도들이 하나님을 만나게 될 때 교회는 가장 그리운 고향이 될 것이다. 고향이란 마음속 깊이 간직한 그립고 정든 곳을 가리킬 때 사용된다. 신앙의 추억으로 언제나 애틋하게 여길 만한 장소가 교회가 되어야 한다는 것이다. 그렇게 될 때 교회는 언제나 돌아가고 싶은 곳이 될 것이다. 마치 고향이 사람들에게 회귀 본능을 일으키는 것처럼 말이다. 그러할 때 성도들은 아프고 힘들 때, 자신의 정체성이 의심될 때, 위기의 순간이 닥치게 될 때, 절망으로 의욕을 잃었을 때 언제든 교회로 찾아와 기도하게 된다. 교회에서 고향의 따뜻한 위로를 받을 수 있기 때문이다. 성도들은 지난 신앙의 추억을 되새기며 다시금 하나님께 놀라운 위로와 힘을 얻기 위해 엎드려 기도하게 될 것이다.

함께 행복한 노래를 부르라

"할렐루야 새 노래로 여호와께 노래하며 성도의 모임 가운데에서 찬양할지어다 이스라엘은 자기를 지으신 이로 말미암아 즐거워하며 시온의 주민은 그들의 왕으로 말미암아 즐거워할지어다 춤 추며 그의 이름을 찬양하며 소고와 수금으로 그를 찬양할지어다 여호와께서는 자기 백성을 기뻐하시며 겸손한 자를 구원으로 아름답게 하심이로다 성도들은 영광 중에 즐거워하며 그들의 침상에서 기쁨으로 노래할지어다"(시 149:1-5).

부흥의 결국은 하나님을 향해 행복한 노래를 부르는 것이다. 이 행복한 노래는 주님 안에서 하나님을 경험하고 그의 뜻이 이루어지는 것을 체험한 사람들이 함께 부르는 노래인 동시에 부흥을 경험한 사람들과 부흥을 경험할 사람들이 함께 모여 하나님께 영광을 돌리는 노래이다

그 노래는 '성도의 모임 가운데서' 찬양을 드리는 새 노래이다. 바로 하나님과 함께 하는 모든 자리에서 드려야 할 찬양이다. 우리는 함께 이 행복한 노래를 불러야 한다. 하나님께서 우리의 찬양을 기뻐하시기 때문이다.

부흥을 경험한 사람은 누구라도 행복한 노래를 부를 수 있다. 아니 반드시 부르게 된다. 사람들에게 인정받는 보기에 좋은 그런 노래가 아니어도, 광야에 홀로 있을지라도 말이다.

주님은 나에게 찬양의 성전을 지으라고 하셨다.

나는 주님께 여쭈었다. "주님, 찬양의 성전을 지으라고 하셨는데, 그 의미가 무엇입니까?"

그랬더니 주님은 찬양의 성전이란 모든 사람들이 내 앞에서 행복한 노래를 부르는 것이라고 하셨다. 나는 또 주님 앞에서 행복한 노래를 부르는 것은 어떻게 부르는 것인지에 대해 고민하며 기도하였는데 주님이 꿈으로 보여 주셨다.

나는 많은 사람들이 모인 곳에서 악기를 다루는 사람으로 등장하였다. 그런데 나는 행복하지 않았다. 악기를 연주하여 많

은 사람이 하나님께 찬양하는데도 내 마음이 기쁘지 않았다. 무엇인가 성황리에 끝난 것 같은데 나는 마음이 상한 모습으로 홀로 앉아 있었다. 그 후 주님은 나를 광야로 이끌고 가셨다. 사방을 둘러봐도 황량한 사막이었다. 나는 홀로 서서 찬양하기 시작했다. 혼자 찬양을 시작하니 한 사람 두 사람이 모였고, 그들과 함께 찬양을 드리니 주변에 인산인해를 이뤄 찬양을 부르고 있었다. 나는 잠에서 깨어나 고백하였다. "주님께서 원하시는 찬양이 이것이군요!" 내가 깨달은 주님이 원하시는 찬양은 바로 오직 마음을 다해 목숨을 다해 힘을 다해 하나님께 찬양을 드리는 것이었다.

부흥을 경험한 우리는 함께 행복한 노래를 부를 수 있다. 그 부흥을 통해 이루시는 하나님 나라가 너무 크고 귀하기 때문이다. 주님을 알고 경험함으로써 우리의 삶은 충만한 은혜가 넘치게 된다. 또한 주님께 드리는 찬양은 우리에게 가장 행복한 즐거움이 된다. 그 찬양은 바로 나로부터 시작된다. 조건이 되어야 하는 것이 아니라 하나님을 사랑하는 내가 하는 것이다. 그것이 부흥의 결과이다.

다윗은 거친 유다 광야에서 사울에게 쫓기는 고난의 삶을 살고 있을 때에도 찬양을 멈추지 않았다(시 63편). 오히려 하나님을 갈망하며 찬양과 감사를 드렸다. 하나님은 고난의 현실을 뛰어넘게 하는 위로와 안전을 주시는 분이기 때문이다. 다윗은 하나님을 만났고, 기쁨과 만족을 경험하였다. 다윗의 삶은 온통 하나님을 향한 기쁨의 찬양이 가득할 수밖에 없었다. 우리 역시 주 예수 그리스도를 만나 부흥을 경험하고 알게 될 때 언제나 주님을 향한 찬양이 끊이지 않게 될 것이다. 우리는 주님을 만나 경험함으로써 행복을 회복해야 한다. 그리고 이 기쁨으로 함께 행복한 노래를 불러야 한다. 주님께 행복한 노래를 부르는 자들이 진정한 예배자이다.

세상을 향해 행복한 노래를 부르게 하라

"여호와께서 아브람에게 이르시되 너는 너의 고향과 친척과 아버지의 집을 떠나 내가 네게 보여 줄 땅으로 가라 내가 너로 큰 민족을 이루고 네게 복을 주어 네 이름을 창대하게 하리니 너는 복이 될지라 너를 축복하는 자에게는 내가 복을 내리고 너를 저주하는 자에게는 내가 저주하리니 땅의 모든 족속이 너로 말미암아 복을 얻을 것이라 하신지라"(창 12:1-3).

부흥을 경험하고 함께 모여 하나님을 향해 행복한 노래를 부르는 우리가 머물러야 할 곳은 세상이다. 세상에서 우리는 우리가 경험한 부흥을 노래하고, 주님을 노래하며, 주님을 만난 우리 삶의 행복을 노래해야 한다. 아브라함의 노래는 하나님의 뜻이 이루어지는 노래일 것이다. 하나님은 하나님의 뜻에 순종한 그를 복 자체로 삼아 그의 행동과 말을 통해 복을 전하는 축복의 통로로 삼으셨다.

우리도 세상에서 주님을 통해 경험한 부흥 그리고 그 안에서 누리는 행복을 보여 줄 수 있는 증거자가 되어야 한다. 우리의 얼굴에서, 우리의 삶에서, 우리의 직장에서, 우리의 가정에서 행복이 넘쳐 흘러야 한다. 그렇게 될 때 세상 사람들은 우리를 보고 주님을 만나는 자가, 주님의 은혜로 사는 자가 가장 행복하다는 사실을 확인하게 될 것이다. 우리가 이처럼 주님의 행복을 증언하는 증거가 될 때 수많은 사람들은 주님을 바라보며 다시 주님께 돌아오는 놀라운 은혜의 역사가 일어나게 될 것이다.

부흥은 주로 인한 기쁨이 충만해야 한다. 그 부흥의 은혜와 기쁨을 세상에 전하는 축복의 통로가 되어야 한다. 하나님께서 아브라함을 부르신 이유이기도 하다. 아브라함이 하나님을 만나 행복한 노래를 부르게 된 후 그가 변한 부분이다. 세상은 그로 인해 하나님을 바라보게 되었고 그는 세상으로 행복한 노래를 부르게 하는 통로가 되었다. 주님으로 인해 함께 행복한 노래를 부르게 된 우리는 이제 주님께 받은 위로와 치유와 회복을 전함으로써 세상을 향해 행복한 노래를 불러야 할 것이다.

글을 마치며

　부흥은 많은 목회자들의 꿈이다. 부흥이 목회를 풍요롭게 할 뿐 아니라 목회 비전을 마음껏 펼칠 수 있는 기틀이 되기 때문이다. 하지만 나는 부흥을 쫓기에 앞서 부흥에 관한 고민이 우선되어야 한다고 생각한다. 부흥의 명확한 정의를 가질 때만이 찾아가는 그 길이 분명하게 보일 것이기 때문이다.

　우리는 부흥을 어떻게 정의할 수 있을까? 일반적으로 사람들은 숫자나 재정의 증거를 부흥이라고 말하곤 한다. 물론 부정할 수는 없다. 주님께서 성도의 증가를 통해 우리에게 주시는 교훈이 있기 때문이다. 그렇다고 부흥을 눈에 보이는 숫자나 재정이 전부라고 할 수는 없다. 주님 안에서 되어지는 모든 일이 부흥이기 때문이다. 인위적인 세상 방법으로는 부흥에 도달할 수 없다. 그렇다면 부흥을 찾아가기 위해서 우리는 어떻게 해야 할까?

아멘의 부흥으로

우리는 창세기 2장에서 선악과를 둘러싼 심각한 갈등을 볼 수 있다. 하나님은 아담에게 선악을 알게 하는 나무의 열매는 먹지 말라고 하시며 먹는 날에는 반드시 죽으리라고 경고하셨지만(창 2:16-17), 뱀은 하나님의 말씀을 교묘하게 비틀어 권능을 탐하는 인간의 마음을 자극하였다. 뱀은 먹어도 결코 죽지 않고, 오히려 눈이 밝아져 하나님과 같이 선악을 알게 될 거라고 유혹하였다(창 3:4-5). 여기서 갈등의 초점이 선악을 아는 것으로 바뀌었다.

왜 뱀은 은근히 선악을 알게 되는 것에 시선을 돌리게 하였을까? 왜 선악을 아는 것이 아담과 하와에게 문제가 될 수 있을까? 이전의 아담과 하와에게는 오직 하나님께 순종, 즉 아멘만이 있었다. 선악을 선택할 수 있는 권한이 하나님께만 있으니 아담과 하와는 오직 하나님의 말씀에 아멘으로 따르고 순종하였던 것이다. 아멘으로 순종하였던 아담과 하와는 하나님 안에서 풍성함을 누릴 수 있었다. 하지만 죄를 범해 선악을 알고 스스로 판단하게 되니 그들에게서 아멘이 사라지게 된 것이다.

아담과 하와는 뱀의 유혹에 빠져 선악과를 먹고 선악을 알게 되었다. 이는 곧 하나님께 발각되어 그 죄가 밝히 드러났고, 이들은 숨고 서로에게 책임을 전가하며 자신들의 불안을 나타냈다. 이후로 우리는 불완전한 우리의 가치로 선악을 판단함으로써 더 깊이 죄의 길로 나아가게 되었다.

예수님이 이 땅에 오셔서 하신 일은 결국 우리로 하나님께 아멘 하게 하고 선악을 판단하는 기준이 자신이 아닌 오직 하나님이시며, 다만 우리는 하나님 앞에서 아멘으로 순종해야 한다는 사실을 가르치셨다. 이것이 예수님이 오셔서 이루려 하셨던 일이었다.

주안에서 우리는 아멘의 삶을 살아야 한다. 오직 하나님의 말씀을 듣고 그 안에서 누리고 살아갈 때 우리는 이 원리를 아멘이라고 한다. 모든 만물은 하나님의 말씀을 들으며 순종함으로써 아멘의 삶을 살아야 한다. 하지만 아직도 죄가 우리 안에 있어 우리로 죄를 선택하고 따라가게 한다. 우리는 아멘을 거절할 수 있고, 아멘을 선택할 수도 있다.

그러나 우리는 예수 그리스도의 은혜와 성령의 충만함으로 주님의 말씀을 듣고 그 뜻에 순종함으로써 부흥의 삶을 살 수 있다. 이 절대적 아멘의 삶이 주님의 뜻이었다. 이 아멘이 부흥이며 행복한 노래를 부르는 삶을 살게 하신다.

주님의 뜻이 이루어지는 부흥으로

성경에서 부흥이란 단어는 하박국에서만 볼 수 있다(합 3:2). 문맥을 따라 성경을 읽을 때 우리는 하박국이 요청하였던 부흥이 바로 하나님의 뜻이 이루어지는 것을 가리킨다는 사실을 알 수 있다. 하나님을 알고 그 말씀을 듣고 따르는 것, 즉 말씀에 아멘으로 화답하는 것이 부흥이다.

우리가 부흥을 바라본다면 오직 하나님의 말씀 안에서 아멘으로 순종하는 삶을 살아야 하며, 이것이 우리의 신앙의 목표가 되어야 한다. 예수님이 이 땅에 오신 이유는 우리에게 오직 하나님을 알게 하며 하나님 앞에서 절대적으로 아멘으로 순종하게 하는 것이었다. 예수님은 삶을 통해 우리에게 아멘의 순종을 보여 주셨다. 우리의 아멘은 주의 뜻을 이루는 시작이다.

아담과 하와가 왜 실패했을까? 그 이유를 고민해 본다면 나는 그들에게 모델이 없었다는 것을 지적하고 싶다. 어떻게 믿어야 하는지, 어떻게 믿음을 지켜야 하는지에 관한 모델이 있었다면 그들의 결과는 달라지지 않았을까?

예수님은 철저히 아멘으로 사심으로써 모델이 되어 주셨다. 예수님은 하나님께 순종하심으로 십자가에서 죽으셨고 하나님의 뜻을 모두 이루셨다. 예수님의 삶 자체가 아멘이요, 부흥이셨던 것이다. 예수님은 우리가 살아야 할 아멘의 삶을 보여 주셨고, 그 삶을 제자들에게 요구하셨다. 예수님이 십자가에 죽으시고 부활 승천하신 후 오신 성령으로 인해 제자들은 아멘의 삶을 살 수 있게 되었다.

예수님이 승천하신 후 오순절 날 제자들이 다 같이 한 곳에 모여 성령의 강력한 임하심을 체험한 후 베드로는 요엘서를 빌어 말세에 하나님께서 자신의 영을 모든 육체에 부으셔서 예언을 하고, 환상을 보며, 꿈을 꾸는 역사가 일어날 것을 말씀하셨다고 하였다(행 2:17). 이것은 성령께서 임하심으로 우리가 꿈꾸던 일, 즉 주님의 뜻과 같이 우리가 하나님을 신뢰하며 그 사랑 안에서 부흥의 삶을 살 수 있게 되는 역사를 가리키는 것으로 볼 수 있다.

부흥은 당장 우리 눈에 보이지 않을 수 있다. 그러나 우리가 주님 앞에서 아멘의 삶을 산다면 부흥은 우리 안에 있게 된다. 보이지 않아도 우리는 부흥하고 있는 것이다. 아멘이 없으니 주의 뜻이 이루어지지 않고 부흥은 이상론에 불과하다. 나무를 보라! 겨울에 나무는 죽어 있는 듯하다. 잎이 다 떨어진 앙상한 가지의 나무를 보고 미래를 생각할 수 없다. 하지만 봄이 오면 다시 파란 잎을 내고 건장함을 과시하게 된다. 주님의 뜻에 따라 살기를 원할 때, 그리고 그렇게 살아갈 때 우리 역시 겉 모습은 초라할 수 있고 고난의 길을 걸어갈 수도 있으며 수많은 염려와 근심이 에워쌀 수도 있다. 하지만 주님의 뜻을 이루고자 순종하는 그 삶이 진정 부흥이라 할 수 있다.

삶 속에 나타난 부흥으로

초대교회의 수많은 사람들 역시 성령을 통해 아멘의 삶을 살았다. 초대교회의 성도를 보며 누구 덕에, 또는 적절한 환경을 만났기에 부흥했다고 불평할 수 없다. 이들은 어떤 시대, 어떤 누구보다 극심한 고난을 맞이했기 때문이다. 수많은 고난을 당했던 초대교회의 성도들은 핍박과 거친 환경 속에서도 주님의 뜻을 순종하고 따르는 아멘의 삶을 살았다. 주님은 그들에게 믿는 자의 수를 더해 주셨고(행 4:4), 수많은 이적을 허락해 주셨다(행 3-4장). 이를 볼 때 부흥은 결국 아멘이며, 이 아멘은 주님을 따라 주님의 뜻을 이루는 삶을 사는 것이라 할 수 있다.

오늘 우리의 교회안에는 세상적 가치가 많이 들어왔다. 주님의 뜻보다 인원, 재정, 건물, 위치 등 많은 조건들로 교회를 평가하려고 한다. 주님 안에서 큰 교회, 작은 교회는 없다. 오직 주님의 뜻을 이뤄 가는 부흥의 교회만 있을 뿐이다.

하나님의 가치로 판단하라

우리가 하나님의 가치로 판단하게 될 때 교회를 보는 새로운 눈이 열리게 될 것이다. 부흥은 결코 외적인 부분으로 판단할 수 없다. 예를 들어 강원도 깊은 산속에서 한두 명 연세 드신 분과 함께 예배를 드리는 목회자가 있다 하더라도 우리는 그에게 부흥이 없다고 말할 수 없다. 그 예배가 주님의 뜻에 따라 아멘으로 드리는 예배라면 주님의 칭찬을 받게 될 것이고 진정한 부흥으로 인정받게 될 것이기 때문이다. 판단은 오직 주님께 있다.

세상적인 눈과 잣대로 교회를 보고 판단하면 안 된다. 그렇게 한다면 분명 우리는 스스로 위축되어 낙심하거나 절망하여 부흥을 포기하게 될지도 모른다. 오직 주님의 눈으로, 세상과 다른 가치로 바라보아야 한다.

시편 기자는 "주는 의로우시고 주의 판단은 옳으시다"라고 고백하였다(시 119:137). 주님은 의로우실 뿐 아니라 그 판단이 항상 정확하고 옳으시다. 따라서 우리는 언제나 주님을 따라야 한다. 시편 기자는 전적으로 그 기준을 주님께 두고 있기에, 세상 사람들을 부러움이 아닌 안타까움으로 바라보았다. 세상 사람들의 판단은 곧 무너져 절망을 맞이할 것이다.

　우리가 판단의 기준이 주님께 있다고 고백하며 하나님의 가치로 판단하게 될 때 우리는 부흥을 다르게 바라볼 수 있게 된다. 더는 숫자나 건물 또는 물질에 마음을 빼앗기지 않고 오직 주님의 뜻을 따라 아멘으로 순종하기를 바라야 한다. 부흥은 오직 주님을 향한 순종이다.

관심을 두라

우리는 부흥에 관심을 가져야 한다. 부흥이 분명 아멘의 순종으로 나타나고 하나님의 뜻을 이루는 일이라면 우리가 관심을 가져야 할 가장 중요한 일임이 분명하다. 무관심해서는 안 된다. 하나님은 분명 우리가 관심을 갖고 부흥을 바라보게 하신다.

신약에서 나온 동방 박사를 아는가? 그들은 동방에서부터 별을 보고 왕의 탄생을 예견하여 예루살렘을 찾아온 자들이었다. 마태복음 3장을 보면 그들에 대한 자세한 이야기가 나온다. 나는 동방 박사가 등장하는 3장을 설교하게 될 때면 하나님의 아픈 마음이 느껴진다.

하나님은 우리를 구원하시기 위해 원대한 계획을 세우시고 기대 가운데 철저히 준비하셨다. 그런데 그 놀라운 소식을 백성들에게 전할 사람이 없었다. 이스라엘을 모두 찾아봤지만 모두가 무관심으로 일관할 뿐 예수님을 소망하지 않았다. 아무도 관심을 갖지 않으니 하나님은 멀리 있던 동방의 박사들을 불러 그 이야기를 전하게 하였던 것이다.

온 세상을 구원하실 왕이 오신다니 얼마나 놀라운 소식인가! 하지만 예루살렘 사람들은 소동만 할 뿐 아무도 아기 예수님을 찾아 가지 않았다. 이처럼 무관심은 하나님의 마음을 아프게 한다.

우리도 부흥에 관심을 두어야 한다. 우리가 무관심으로 일관하게 될 때 주님의 마음을 아프게 하는 일이 벌어지게 될 것이다. 주님의 뜻에 아멘으로 순종하는 것이 부흥임을 깨닫지 못하고 관심을 갖지 않는다면 주님은 분명 가슴 아파하실 것이다.

의심하지 말라

우리는 순종하는 삶을 살아야 한다. 오직 아멘으로 순종할 때 우리는 주님의 뜻이 이루어지는 부흥을 경험하게 된다. 하지만 의심이 우리를 사로잡게 된다면 위축되는 낙심의 삶을 살게 될 것이다. 마치 아담이 나무 뒤에 숨어서 떨고 있었던 것처럼 말이다. 선악을 아는 세상적 판단은 죄가 될 뿐이다. 주님만을 바라보아야 한다.

이것은 풍랑이 일고 있는 거친 물 위에서 주님께 나아가야 했던 베드로의 상황과 같다고 할 수 있다. 베드로가 물에 빠지지 않고 주님께 다가갈 수 있는 방법은 오직 주님만 바라보는 것이었다. 모든 의심을 내려놓고 주님께 나아가야 했다. 하지만 주변을 바라보고 두려움에 떨며 주님의 권능을 의심하게 되었을 때 베드로는 물속에 빠져들어 가게 되었다. 주님은 물에 빠져 가는 베드로에게 손을 내밀어 붙잡으시며 왜 의심하였냐고 책망하셨다(마 14:31). 그렇다. 우리 역시 주님만을 바라보아야 한다. 아무리 거친 풍랑이 뒤흔들어 우리를 두렵게 하여도 나만 바라보라는 주님의 음성을 따라야 한다. 우리가 오직 주님만을 바라보며 따라갈 때 주님은 우리에게 사명 또한 맡기게 될 것이다: "내 양을 먹이라"(요 21:17).

주님의 양을 치고 먹이는 조건은 오직 주님을 사랑하는 것이었다(요 21:15-17). 우리가 주님을 사랑한다는 것은 주님의 말씀을 듣고 지키는 것이다. 우리가 주님의 말씀을 듣고 아멘으로 순종할 때 주님이 역사하시고 우리에게 막혀 있던 모든 길이 열리는 부흥을 체험하게 될 것이다.

방법론이 아니다

부흥은 방법론이 아니다. 부흥은 하나님 뜻을 따르는 순종이 핵심이 되어야 한다. 하지만 사람들은 방법론에 관심을 둔다. 어떻게 인원을 늘릴 수 있을까? 어떻게 하면 재정이 풍성하게 될 수 있을까? 라는 관심에 많은 세미나를 찾게 된다.

우리는 진정 주님의 말씀을 듣고 순종하며 기도 가운데 겸손히 순종해야 한다. 하지만 사람들은 외적인 부흥을 성공으로 이해하고 최대의 가치를 부여한다. 하지만 우리는 기억해야 한다. 주님의 말씀에 잘 순종하는 목회가 있을지언정 성공한 목회는 없다는 사실이다. 과연 성공이라는 단어를 주님 앞에 사용할 수 있을까? 정말로 주님 앞에서 "주님 저 성공하는 목회를 수행했어요"라고 감히 말할 수 있을까? 아니다. 우리는 주님께 "주님 저에게 맡겨준 사명을 아멘으로 감당했습니다"라고 말해야 하지 않을까?

바울은 "내게 능력 주시는 자 안에서 내가 모든 것을 할 수 있다"(빌 4:13)라고 고백하였다. 나 역시 바울과 같이 고백하기를 원했다. "주님 저에게 능력을 주신다면 모든 것을 감당하겠습니다"라고 말이다. 하지만 현실은 그렇게 만만하지 않았다. 그래서 나는 주님께 다르게 고백하였다: "제가 주님 안에서 그 일을 감당할 수 있도록 허락해 주세요. 저는 주님의 무익한 종입니다. 주님이 능력을 주셔도 저는 감당할 수 없습니다. 감당할 수 있는 저로 만들어 주세요."

나는 언제나 "주의 뜻대로 이루어지이다"라고 기도한다. 이 기도가 얼마나 편하고 좋은지 모른다. 주님은 우리가 무엇을 달라고 요청하든지 이미 최상의 것, 최고의 선물을 결정하시니 우리는 다만 주의 뜻이 이루어지게 해 달라고 기도해야 할 것이다.

나는 언제나 주님께 아멘의 사람이 되게 해 달라고 기도한다. 주님의 뜻이 이루어지는 게 나의 모든 소망이기 때문이다. 지금까지 나는 오직 주님의 말씀에 따라 아멘으로 순종하기를 기뻐하였다. 그게 지금까지 내가 달려온 길 모두이다. 주님이 하라고 하시면 주님의 뜻을 따라 순종하는 것 그 이상도 이하도 없다. 지금까지 이루어진 모든 결과는 주님이 만드신 것이기에 나는 자랑할 것이 없다. 나는 주기도문처럼 하늘에서 하나님의 뜻이 이루어진 것 같이 이 땅에서 이루어지기를 바라며 진정한 부흥을 꿈꾸고 있을 뿐이다.

그대로 행하라

우리는 주님께 순종하는 방법을 갈릴리 가나 혼인 잔치에 있었던 하인들에게서 찾아볼 수 있다. 아직 끝나지 않았던 혼인 잔치에 포도주가 떨어져 큰 소동이 일어났다. 포도주는 혼인 잔치를 상징하는 가장 중요한 음료였기 때문이다. 잔치에 참여했던 예수님의 어머니는 이 소식을 듣고 예수님께 포도주가 떨어진 사실을 전하였다. 예수님은 아직 내 때가 이르지 아니하였다고 말씀하셨지만 예수님의 어머니는 하인들에게 "너희에게 무슨 말씀을 하시든지 그대로 하라"고 말하였다(요 2:5). 하인들은 어떻게 하였을까? 그들은 요청하신 말씀 그대로 따랐다. 그들은 항아리에 물을 채우라는 이해 안 되는 명령에도 의문을 갖지 않았다. 아마도 그들은 예수님께서 물을 포도주로 만드실 거라는 상상은 해 보지도 못했을 것이다. 그들은 예수님 말씀 그대로 행하되 항아리 아귀까지 성실하게 채워 손님들에게 내갔다.

이러한 자세가 바로 우리가 주님 앞에서 가져야 할 자세이다. 주님이 무슨 말씀을 하시던지 그대로 행하는 것, 바로 그것이 아멘이요, 부흥이다. 물이 변하여 포도주가 되게 하는 건 우리의 일이 아니다. 주님이 하시는 일이다. 우리는 다만 하인들과 같이 주님의 말씀에 성실히 순종하기만 하면 된다. 주님이 나머지 일은 이루신다. 우리가 보기에 놀라운 기적의 변화 역사는 주님의 뜻이 이루어진 것이지 하나의 현상이 아니다.

현상을 바라보지 마라

우리는 현상만을 바라보면 안 된다. 실제로 그 현상의 권한이 주님께 있고, 주님께서 하시는 일이기 때문이다. 우리는 다만 주님의 뜻에 순종하는 사람이다.

사도 바울은 자신의 육체의 가시가 떠나가게 해 달라고 주님께 세 번이나 간구하였다(고후 12:8). 하지만 주님은 그의 질병을 치료해 주지 않으셨다. 오히려 그에게 "내 은혜가 네게 족하도다 이는 내 능력이 약한 데서 온전하여짐이라"(고후 12:9)라고 응답하셨다. 사도 바울이 기도에도 몸이 치유되지 않았다고 절망하며 믿음이 무너졌을까? 아니다. 그는 현상을 바라보는 사람이 아니었다. 비록 자신의 기도가 이루어지지 않았더라도 주님의 뜻에만 귀를 기울였다. 그는 자신의 몸이 치유되지 않고 여전히 고통스러웠지만 다시는 질병 때문에 고민하지 않았을 것이다. 자신을 향한 주님의 계획을 명확히 알고 순종하고자 했기 때문이다. 나는 분명 어느 시점에 다다랐을 때, 그가 주님의 뜻을 받아들이고 순종으로 나아갔을 때 분명 치유되었을 거라고 생각한다. 질병이 더 이상 그를 괴롭히지 못하도록 주님이 그를 보호하셨을 것이다.

나는 지금 질병으로 인해 목이 많이 불편하다. 하지만 별로 고민하지 않으려 한다. 물론 좀 더 좋아졌으면 좋겠다고 생각은 하고 있다. 목이 좋아지게 되면 다시 주님을 찬양할 수 있게 될 것이 분명하기 때문이다. 나도 이 불편한 목을 위해 주님께 기도하였다. 간절히 기도하던 나에게 주님은 너를 치료하였다고 말씀해 주셨다. 하지만 나는 아직도 불편하다. 내가 치료된 게 무엇일까? 처음에 나는 이 부분에 대해 질문하며 고민을 했었다. 그런데 시간이 지나다 보니 내가 목이 아픈 부분에 대해 자유로워지고 있다는 사실을 깨닫게 되었다. 내가 목을 쓰는 데 불편함이 없고, 목회를 하는 데도 약간의 불편함이 있지만 부흥에는 아무 상관이 없다. 나는 아멘으로 주님께서 나를 치료하셨다고 고백할 수 있게 되었다. 만약 내가 목을 많이 써야 하는 상황이 온다면 분명 주님은 그렇게 만들어 주실 것이다. 하지만 지금은 필요 없으니 그 정도까지 허락하신 것이다.

이 부분이 나로 하여금 현상이 아닌 주님의 뜻만을 바라보아야 한다는 것을 더 확실히 깨닫게 한다. 나는 주님께서 주신 한도 내에서 누리면 되는 것이다. 이와 같은 삶이 주님께 순종하는 아멘의 삶이요, 부흥이라 할 수 있다.

부흥의 길을 걸어가라

나는 모두가 부흥을 고민하고 찾아 가기를 원한다고 생각한다. 부흥이 무엇인지 깊이 고민하며 부흥을 위해 몸부림치며 나아가고자 할 때 부흥을 향해 한 발자국 한 발자국씩 나아갈 수 있게 될 거라고 확신한다. 앞서 말한 것처럼 세상적인 가치로 현상에 몰입하지 않고 주님의 뜻에 순종할 때 어느 순간 부흥은 우리 앞에 와 있게 될 것이다.

사도행전 10장 9-16절을 보면 베드로가 체험한 환상이 나타난다. 베드로는 제 육시에, 즉 정오에 기도를 시작하였다. 이 시간은 사람들이 점심을 준비할 때였는데, 기도 중 베드로는 하늘이 열리고 한 그릇이 내려오는 것을 보았다. 그 안에 땅에 있는 각종 네 발 가진 짐승과 기는 것과 공중에 나는 것들이 있었다. 여기서 나타난 짐승은 아마 정결법에 나오는 부정한 짐승들을 가리키는 것으로 볼 수 있다(신 14:3-20). 베드로는 당연히 하늘에서 들려온 "일어나 잡아 먹어라"라는 명령에 대항하였다: "속되고 깨끗하지 아니한 것을 내가 결코 먹지 아니하였나이다"(행 10:14). 하지만 소리는 "하나님께서 깨끗하게 하신 것을 네가 속되다 하지 말라"(행 10:15)고 하였다. 그리고 이러한 현상이 세 번이나 반복이 되었다.

여기서 생각해 보면 판단은 주께서 하시는 일이니 세상적 가치로 판단해서는 안 된다는 의미로 이해할 수 있다. 주께서 먹으라 하시면 우리는 먹어야 한다. 그것을 율법적인 가치로 따지며 거부할 수 없다. 주님은 선이시기 때문이다. 우리는 지금까지 우리의 관념적 지식으로 판단하여 우리 스스로 된다, 안 된다를 결정하여 미리 절망하였던 것이다.

부흥의 체험 세대를 살리자

다음 세대의 부흥을 이루려면 먼저 부흥의 체험 세대를 살려야 한다. 체험 세대는 하나님을 만나 그 은혜를 체험하고 주님 안에서 성령님의 능력으로 사는 세대를 가리킨다. 체험 세대가 살아야 현대 교회에 희망이 있다. 현재 교회학교의 부흥이 멈춘 이유가 무엇인가? 혹자들은 아이들이 없어서라고 이유를 댈 수 있을 것이다. 하지만 나는 아니라고 말하고 싶다. 바로 부흥의 통로자인 체험 세대가 사라져 가기 때문이다. 먼저 하나님을 만나 그 은혜로 살아가는 체험 세대가 사라져 가니 다음세대 부흥이 사라지게 된 것이다. 부흥이 멈췄기 때문이다. 그러니 다음 세대의 아이들이 교회에 나와도 그들의 눈으로 직접 부흥을 경험한 사람들을 보지 못하니 부흥의 세대가 점차 단절되어 갔던 것이다.

우리가 과연 다음 세대의 부흥을 맡을 자격이 있을까? 맡을 만한 교회들이 되어야 한다. 하나님은 교회를 포기하지 않으신다. 교회가 부흥할 수 있는 사람을 찾으신다.

룻기를 보라(룻 1-4장)! 하나님은 모압 여인 룻을 베들레헴으로 데려와 그녀를 기업 무를 자 보아스에게 연결시킴으로써 계보를 잇게 하셨다. 베들레헴에 하나님 마음에 합한 여인이 없었기 때문이다. 그리고 다윗을 보라(삼상 16장)! 하나님은 자신의 뜻대로 이스라엘을 죄악의 길로 끌고 가는 사울을 버리고 부모님께 사랑받지 못해 험한 목동의 삶을 살았던 다윗을 부르셨다. 이스라엘의 왕에게서 믿음을 볼 수 없었기 때문이다.

하나님은 다음 세대의 부흥을 위해 체험 세대의 부흥을 경험한 우리를 부르실 것이다. 우리가 결단하여 주님의 뜻을 이루고자 온 마음을 다할 때 주님은 분명 우리에게 부흥의 체험 세대를 살려내어 부흥을 증명하실 것이다. 교회학교의 부흥의 멈춤을 바라보고 한탄만 해서는 안 된다. 우리에게 필요한 것은 주님의 뜻대로 살아가는 부흥의 체험 세대를 살리는 일이다. 그러할 때 자연스럽게 다음 세대가 일어서고 교회학교도 넘치게 될 것이다.

부흥을 위해 아멘을 결단하라

　부흥은 어느 날 뚝 떨어져 나타나는 거라고 할 수 없다. 수많은 시행착오와 아픔과 좌절을 겪으며 알게 되는 아멘의 삶이다. 실패하고 넘어지는 일련의 과정 속에서 결국 주님의 뜻을 깨닫고 그 뜻을 향해 찾아가는 고난의 길이다. 우리가 아멘의 삶을 살기 위해 몸부림치며 앞으로 나아갈 때 하나님은 우리를 보시고 주님의 뜻을 이루는 부흥을 허락하실 것이다.

　나는 하나님의 성전을 건축하며 큰 질병으로 고통을 받았었다. 나는 건축이 그렇게 행복하거나 자랑스럽지 않았다. 어떤 면에서 새로운 건축은 내가 순종하기 어려운 결단과도 같은 일이었다. 어느 날 하나님은 기도 중에 큰 교회를 보여 주시며 사인을 하면 주겠다고 하셨다. 나는 이 일이 새로운 건축과 관계된 일임을 깨달을 수 있었다. 나는 즉시 대답했다. "아닙니다. 저는 안 하겠습니다. 저는 지금도 만족하고 있고, 더 이상 제

능력이 안 됩니다."

나는 밤새도록 주님과 씨름했다. 주님은 마침내 나에게 노하셨고 어쩔 수 없이 아멘할 수밖에 없었다. 주님은 나에게 찬양의 성전을 준비하라고 하셨다. 나는 성도들이 반대할 게 분명하다고 말씀드렸다. 하지만 주님은 반대하지 않으니 준비하라고 하셨다.

이게 말이 되는 이야기인가? 코로나 시기로 교회 재정이 연약해진 이때 거대한 건축이라니. 토지 구입 비용만 해도 엄청날 것이고, 교회 건물을 짓는 비용은 또 어찌할까? 성도들은 내 예상과 달리 주님의 말씀에 아멘으로 찬성하였고 만장일치로 모두 따르기로 하였다. 그럼에도 나는 여전히 두려웠다. 건축이 너무 큰 일이었기 때문이다.

하나님은 나의 절대적 아멘을 요구하셨다. 아멘인 것이다.

상황이 아닌 오직 주님을 믿고 순종하는 아멘이다. 부흥의 시작은 광야 같은 삶 가운데서도 홀로 서서 주님을 바라보고 아멘으로 서는 것이다. 주님은 강하고 담대하게 주님만을 신뢰하도록 요청하신다. 좌로나 우로나 치우치지 말고 오직 주님만을 바라보아야 한다. 오직 "주님 앞에 서리라 주님 앞에 홀로 서리라"라고 결단하며 끊임없이 반복하고 반복하는 과정 속에 주님이 원하시는 아멘, 즉 주님의 말씀을 듣고 청종하고 순종해야 한다.

우리는 주님께서 보여 주시는 곳으로 가면 되는 데 너무 많은 생각을 가지고 있다. 우리가 조금만 더 주님을 신뢰할 수 있다면 과감히 나아갈 수 있게 될 것이다. 주님은 오직 우리가 감당할 수 있는 정도로 인도하신다. 믿고 신뢰하고 순종하며 나아가기를 결단하자.

주님의 뜻이 이루어지기를
고백하며 나아가라

나는 매일 삶 속에서 주님의 뜻이 이루어지기를 고백하고 또 고백하며 기도한다. 나는 주기도문을 매일 20번 정도 반복하며 기도한다: "뜻이 하늘에서 이룬 것 같이 땅에서도 이루어지이다." 그러면 나의 마음이 편안해진다.

나는 언제나 주님이 허락하시는 길을 가기를 원한다. 나는 구부러진 철사 토막과 같다. 주님께서 나를 들어 쓰실 때만이 나의 가치가 생긴다. 나 홀로는 아무것도 아니다. 나는 사도 바울의 고백과 같이 예수 그리스도의 종된 목사라고 고백한다. 매일 주님을 고민시키는 부족한 종이지만 주님의 뜻을 이루기 위해 몸부림친다. 철사 토막 같은 나를 주님이 사용해 주신다면, 나를 보고 웃어 주신다면 그것보다 기쁜 일이 있을까? 그럼에도 나는 주님께 아픈 손가락이다. 늘 부족함으로 주님께 아픔을 드리는 종이다. 그런 나를 사용하시는 주님께 나는 아픈 손가락이다.

나는 고민도 많이 하고 두려움 가운데 있을 때가 많다. 그럼에도 마지막은 아멘으로 걸어가려 한다. 나를 통해 이루실 주님의 뜻이 이루게 되는 통로자가 되기를 원한다. 나는 언제나 은혜가 남기를 원한다. 이 모든 일을 통해 하나님의 뜻이 남아야 한다. 그리고 그 뜻에 붙들리는 사람이 남아야 한다 우리는 행복한 노래를 부르며 주님의 부흥에 동참해야 한다. 아무리 우리 삶이 고달프고 힘들어도 고개를 들어 노래를 불러야 한다 그것이 바로 부흥을 증명하는 우리의 의무이자 권리이다.